李学勤 罗哲文 俞伟超 曾宪通 彭卿云

帝国书生气

李 默／主编

中华文明是人类历史上最伟大的文明之一，是人类文明发展的主要构成。中华文明丰富、深刻、辉煌、博大，在人类文明中的骨干作用和领导作用人所共知。在人类文明的发源时期，中华文明就是四大古文明之一，是地球上文化的策源地之一。

广东旅游出版社
GUANGDONG TRAVEL & TOURISM PRESS
悦读书·悦旅行·悦享人生

中国·广州

图书在版编目（CIP）数据

帝国书生气 / 李默主编 . — 广州 : 广东旅游出版
社 , 2013.1（2024.8 重印）
ISBN 978-7-80766-447-5

Ⅰ . ①帝… Ⅱ . ①李… Ⅲ . ①中国历史—北宋 Ⅳ .
① K244

中国版本图书馆 CIP 数据核字 (2012) 第 291278 号

出 版 人：刘志松
总 策 划：李 默
责任编辑：张晶晶　梁诗淇
装帧设计：史冬梅
责任校对：李瑞苑
责任技编：冼志良

帝国书生气
DI GUO SHU SHENG QI

广东旅游出版社出版发行
（广东省广州市荔湾区沙面北街 71 号首、二层）
邮编：510130
电话：020-87347732（总编室）　020-87348887（销售热线）
投稿邮箱：2026542779@qq.com
印刷：三河市嵩川印刷有限公司
　　　（河北省廊坊市三河市杨庄镇肖庄子村）
开本：650×920mm　16 开
字数：105 千字
印张：10
版次：2013 年 1 月第 1 版
印次：2024 年 8 月第 3 次印刷
定价：45.80 元

出版者识

　　《话说中华文明》是一部全景式图文并茂记录中国文明历史的大书。出版者穷数年之力，会集各方力量——专家、学者、编辑、学术顾问们，在浩如烟海的历史档案、资料、著作中，探珍问宝，追寻中华文明在悠悠历史长河中的灿烂之光。此书的出版，凝聚了编撰者的心血，学术顾问们的智慧。尤其是李学勤先生，亲自动笔写下了序言，更增加了本书沉甸甸的分量。

　　中华文明的历史充满了辉煌与苦难，成就和挫折。它的历史无处不在，决定着我们中国人今天的思想和感情。当今的中国和中国人是中华文明的历史造就的，是中华文明的历史的延伸，也是它的一个组成部分，中华文明的历史之河奔流到现在。

　　中华文明是人类历史上最伟大的文明之一，是人类文明发展的主要构成。中华文明丰富、深刻、辉煌、博大，在人类文明中的骨干作用和领导作用人所共知。在人类文明的发源时期，中国就是四大古国之一，是地球上文化的策源地之一。在人类文明的早期，中华文明成为文明在东方的支柱，公元前后200年间，人类的汉帝国与罗马帝国这两只铁手攫住了地球。在欧洲进入中世纪的时候，中华文明更成为人类文明最主要的领导，它的文明统治东亚，传遍世界。进入近代，中华文明处于自身的重压和西方的欺凌下，但中国人民的斗争史和奋起精神是人类文明历史中不可缺少的一页。

　　五千年的中华文明为人类贡献出了从思想家孔子到科学技术的四大发明、从唐诗宋词到长城运河的伟大创造，贡献出了从诸子百家到宋明理学，从商周铜器到明清文学的深刻内涵，也贡献出了从五霸七强到三国纷争、从文景之治到十大武功的辉煌历史。中华文明的历史绚烂多彩，在人类文明的历史长河中永放光芒。

　　中华文明也是人类历史上最独特的文明，没有哪一个文明像中华文明这样持久，这样统一一致。世界上其他文明不但互相交错，其创造者也都与高加索体质的人种有关，它们是姐妹文明。在人类历史中，只有中华文明才是独特的，它的创造者是中国土地上的中国人民，与其他任何地方的人民都没有关系，它的文化是统一一致的文化，可以不依赖于其他任何文明而生存，但中华文明也绝不是封闭的，它接受他人的文化，也承担自己对于人类的责任。

　　人类进入新世纪，中国的社会经济发展令世人瞩目。人们对于世界未来的政治和经济结构的估计无不以东亚和太平洋为中心，而尤以中国为重点。

　　经济起飞只是当代中国的一个方面，中国的精神文明的建设尤为刻不容缓。如果中国要自觉地发展中华文明，要有意识地使中国的发展具有世界意义，就必须发展强有力的精神文化，这样才能使中华文明的发展进入一个新的阶段，才能形成中国和中华文明的全面现代化。

而中国的精神文化的发展植根于中华文明的伟大传统之中。进入近代之后，在西方文化的冲击下，对于中国文化的价值产生大量的情绪化和激烈冲突的论调。"五四"运动打倒孔家店的口号具有冲破封建束缚的时代意义，对中国文化的发展有不容否认的正面意义，与文化虚无主义是完全不同的。文化虚无主义者否定中国传统文化，在现代化的旗帜下主张全盘西化；而复古主义则沉迷于中国文化的古董，走进反进步、反科学的泥潭。

历史的发展则超越了所有这些论点，产生这些论调的一百多年来的中国近代史已经结束。历史要求中国发展，要求中国走在全世界发展的前列。西化论和复古论都已过时，历史已经要求世界超越西方，中国可以承担起世界的命运，而中国的现实和世界的历史都说明，中国的使命在于它的发展前进，而非倒退。

中华文明走出迷惘的时代，我们这一代处在一个伟大而具有挑战的历史阶段。

总结历史、展望未来，这就是《话说中华文明》的意义和使命。我们创作《话说中华文明》，力求总结和回顾中华文明的全貌，在内容和形式上都开创一个新的局面。在内容结构上，既具有一定的深度，又具有相当的广博性，既有严谨、准确的学术价值，又有活泼、流畅的可读性。我们在本丛书内容纳了中华文明的各个方面，使它综合了大规模学术著作的系统性、严密性和普及读物的全面性、简易性，它既可作为大型工具书检索中华文明的各个成分，又可作为通俗的读物进行浏览。

我们从上世纪90年代初起就开始思考中华文明的历史和现实问题，并逐渐形成了编著《话说中华文明》的设想。在开展这项庞大的文化工程之始，我们就聘请了国内权威学者李学勤、罗哲文、俞伟超、曾宪通、彭卿云诸先生担任学术顾问，他们对计划作了充分讨论，并审阅了大量初稿。我们聘请了广州、香港地区的社会科学学者、大学教师、研究生以及我社编辑人员几十人担任稿件的撰写工作。

通过创作这部书，我们深深地感受到了中华文明的博大精深，也感受到了它的内在缺陷。中华文明具有辉煌的时期，也有苦难的年代，有它灿烂的成就，也有其不足的方面。中华文明在自身中能够吸取充分的经验和教训，就能够使自身健康壮大，成长发展。

通过创作这部书，我们也深深感受到了出版事业的使命和重任。我们希望这部书能受到广大读者的喜爱，起到它所应当起的作用。为中华文明的反省、前进和奋起作一点贡献。

目 录

宋辽金夏

宋置武学

宋仁宗时，宋军事上的积弱局面已经形成。为了改变军事人才缺乏的局面，庆历三年(1043)五月，宋廷设置武学。但是，这一中国教育史上的创举因遭到一些人的反对，不久即行废罢。宋神宗即位之后，把建立军校培训体制，加速培养和选拔军事人才当作强兵的重要措施付诸实践，决心扭转积弱局面。

熙宁五年(1072)五月，宋神宗下令设置武学，这是我国历史上最早出现的正规的军官学校，对武学的管理、学生来源、课程设置、教学方式等问题作了明确的规定。当时的武学由兵部主管，由枢密院选调有军事才能的优秀文武官员任教授，学生来源于未授职的使臣、荫补的官将子弟及有一定军事知识的平民，经测试合格者，取得入学资格。武学的课程有军事理论、军事

武学的设立，是养兵制向科学化迈进的开端。

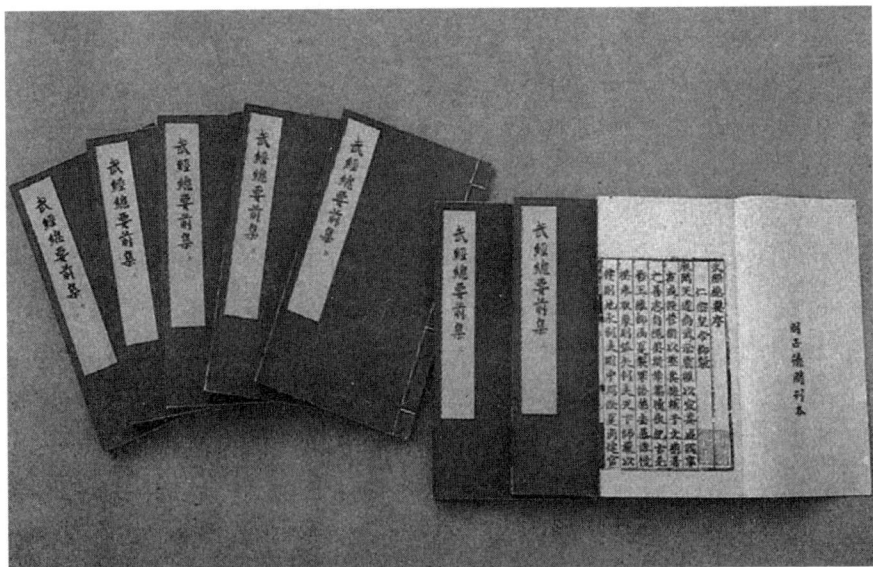

宋代官方编修的《武经总要》

历史和军事学术等，采取理论与实践相结合的教学方式，培养学员的实际带兵和指挥作战能力。学制 3 年，毕业考试合格者，授予官职。至于不合格者，留校继续学习，来年再试。武学还要求学员树立忠君思想。同年闰七月，宋神宗再次下诏，进一步明确了武学分上舍、内舍、外舍三级培训体制。初入学者为外舍生，每年春秋各试一次，步、骑射能达到标准，10 道兵法释义题能正确回答 5 道，并写出一篇军事论文者，晋升为内舍生，内舍生成绩达到优等者，再晋升为上舍生，上舍生才能出众者，经枢密院严格审查，情况属实后，可以提前毕业，授予官职。

　　宋神宗时武学所开创的军事教育体制，到南宋时进一步健全，并普及到地方，明、清两代都继承了这一体制。

庆历新政开始

宋庆历三年 (1043) 九月，范仲淹等上书陈述 10 件大事，主张推行新政。

宋仁宗提拔范仲淹、韩琦、富弼等人执掌朝政后，经常询问他们使天下太平的策略。庆历三年 (1043) 九月，范仲淹与富弼联名上书"条陈十事"，认为目前必须加以解决。这 10 件大事为：1、明黜陟。宋朝对官僚实行磨勘制度，论资排辈，许多官僚昏庸无能。范仲淹建议按实际的功、善、才、行考核官吏，干练勤政的予以升迁，否则予以罢黜；2、抑侥幸。宋代官僚实行恩荫之制，大官僚的子孙无论贤愚均可通过恩荫作官，范仲淹建议减少恩荫人数，延长恩荫时间，缩少恩荫范围，并对恩荫作官者进行严格考核，否则不能入仕；3、精贡举。改革科举制度，严格考试制度和考场纪律，成绩优异者才能做官；4、择官长。鉴于地方政治混乱，地方知州、县令昏庸，范仲淹建议凡是知县、县令都须由上级官僚保举，并增加保举官员的人数，如果被保举的官僚才能有限或犯了错误，保举者相应受到惩罚；5、均公田。由于官僚人数增加，一些官员任满一届后，很长时间才能再次上任，在此期间没有俸禄，只好借贷度日，等到下次上任后，便大肆勒索。范仲淹建议改进职田法，规定地方官员按等级给予一定数量的职田。这样可以使官吏上任后更清正廉洁；6、厚农桑。范仲淹主张大力兴修水利，发展农桑事业，提高农业单位面积产量，保护全国农民生产的积极性，以达到富国的目的；7、修武备。宋朝养兵百万，大多驻守京师。宋夏战争爆发后，禁军多抽调到西北地区，京师防务空虚，范仲淹建议召募京师附近 5 万强壮青年为兵，这些士兵大多数时间从事农业生产，农闲季节进行军事训练，这是强兵和节省财政开支的最有效办法；8、减徭役。范仲淹主张省并一些不必要的州、县，以减轻农民的徭役负担，同时减少县衙中的役人，使他们回到农业中去，从而达到国富民强的目的；9、覃恩信。君主应尽量减少赏赐，以免耗费国家大量钱财，而仪式也须减少；10、重命令。各级官僚应该按照国家法律办事，不得贪赃枉法，不得法外用刑。宋仁宗完全接受了范仲淹等的建议，并将其中一些建议制订成法律条文，责成有关部门执行，并将这些条文在全国公开颁布。这就是著名的"庆历新政"。

由于新政触犯了官僚贵族的利益，遭到他们的强烈反对，他们诬蔑范仲淹与富弼、韩琦、欧阳修等人结为朋党。庆历五年 (1045) 初，范、富、韩、欧阳等人相继被排斥出朝廷，庆历新政仅推行了一年又几个月便宣告夭折。

范仲淹上书言事

庆历三年 (1043) 五月，由于灾异现象屡次出现，范仲淹上书建议君臣勤修政事，并提出了6条具体意见，其主要内容包括：灾异现象屡屡出现，朝廷内外大臣必须同心同德，共度难关；朝廷派遣使臣前往全国各地，审理各种刑事案件，减轻刑罚；全国各州县长官对当地贫苦百姓进行统计，一些实在生存不下去的老百姓应由官府予以救济；凡在宋夏战争中伤亡的将士之家，国家应予以适当抚恤；边境之民被西夏军队掳掠者一律由政府负责用钱将他们赎回；各地官府不得强行督催百姓因贫穷而拖欠国家的赋税，等等。范仲淹认为倘若朝野上下下大力气解决了上述问题，天下就会长治久安。

范仲淹庆历兴学

从庆历三年 (1043) 起，范仲淹开始推行教育改革。

范仲淹认为，首先要恢复制科，重视教育，以选用人才；其次改革常科考试，主张以运筹天下之大略为主，以诗词文赋来考核生员；他还主张"敦教育"，即恢复州郡的学校之制、大兴官学。从以上几点可以看出，范仲淹一是重视寒俊，广开仕途，对官僚子弟不学无术而坐享荫恩十分不满。二是重视实学，斥贬浮伪。

庆历三年 (1043)，范仲淹将教育改革主张上书皇上，揭开了庆历兴学的序幕。措施主要有：一、皇上下诏令州县兴学，规定士必须在官学学习一定时间才能应考；二、振兴太学。以拥护新政的著名学者孙夏、石介主持，采

用胡瑗的苏湖教法，且设立四门学，允许中小庶族地主子弟入学；三、改革科举考试方法。范仲淹的庆历兴学随着他的庆历新政的失败而告夭折，但是其成就和影响却很大。

首先，庆历兴学之诏为地方办学提供了合法凭据，普遍激发起地方办学的热潮，州县办学盛况空前，即使新政失败后，还有许多新政人士继续创办地方学校。其次，庆历兴学对太学、国子学的整顿和改进，开创了中央官学的空前盛况。再次，庆历兴学勇于冲破传统束缚，反对因循守旧的革新精神，影响了一代士风，开创了北宋教育领域乃至社会中各个领域的变革时代。

此外，范仲淹庆历兴学提倡经济实学，力图把学校教育、科举取士和经世治国三者有机联结起来，形成以学校为主体、科举为手段、社会需要为最终目的的新型教育体制，这个目的虽未实现，但它在一定程度上改变了学校完全附属于科举的局面，加强了学校的社会功能，是我国历史上第一次对科举制本身的挑战，也是一次伟大的尝试。

范祥改革盐法

宋朝政府从庆历二年 (1042) 开始，采用范宗杰的建议，对解盐采取官府垄断专卖的制度，由政府征发老百姓运盐。由于路途遥远，损耗颇为严重，商人大多勾结官吏，虚估入中货物，耗费大量官盐。范祥是邠州三水人 (今陕西旬邑县)，了解官盐通商与官卖的利弊。他认为应改变官盐运销办法，国家可由此节省财政支出数百万贯。庆历四年 (1044) 二月，范祥将自己的计划和盘托出，上呈朝廷，得到恩准。朝廷于庆历八年 (1048) 十月正式下诏开始改革盐法。本月，范祥被任命为陕西路提点刑狱公事兼任制置解盐使，变两池交引法和官卖法，行钞盐法，一切通商。其方法为按盐场产量定其发钞数量，统一斤重，书印钞面。令商人在边郡折博务缴纳现钱买盐钞，至解池按钞取盐贩卖。并在京师设置都盐院置库储盐，平准盐价，盐贵则卖，盐贱则买；同时允许商人凭钞到都盐院提取现金，以保证钞值的稳定及商人和消费者的正当权益，官盐得以畅销。

宋代海盐生产图

刘沪经营水洛城

水洛城(今甘肃庄浪)西接陇坻,是通往秦州(今甘肃天水)的交通孔道,黄河、渭水绕城而过,因而土地肥沃,广袤数百里,十余个氐人部落杂居其中。陕西四路招讨经略使郑戬上书朝廷建议派人经营水洛城。后郑戬派遣刘沪召集氐人部落酋长,他们都愿意归顺宋朝,接受宋朝政府给予他们的官职,并纳子为人质。刘沪上任后,先击败党留等不愿归顺宋朝的部落,并缴获这些部落的大量牛羊牲畜,刘沪因此被朝廷任命为阁门祗侯。庆历三年(1043)十月,刘沪又攻破穆宁氐人,在距离略阳(今陕西略阳)二百里处修筑水洛城。刘沪先在章川修筑城堡,增加驻守军队,并秘密派人游说水洛城首领铎厮那,劝诱他归顺宋朝。正在此时,郑戬前来视察防务,铎厮那率领其他氐族部落献出了结公(今甘肃庄浪北)、水洛和罗甘地区,成为宋朝的属户。其后,又经过多次战争才最后征服氐人,水洛城得以巩固。

宋夏议和后,刘沪等人继续经营修缮水洛城,而陕西安抚使韩琦认为宋夏已议和,不必再经营水洛城防御西夏。庆历四年(1044)十月,宋仁宗下诏停止修筑水洛城。但郑戬认为修水洛城有利无害,令刘沪等继续修城,拒不执行朝廷命令。知渭州(今甘肃平凉)、泾原路副都部署狄青屡次上书陈述筑水洛城有害无利,双方争论不休。宋仁宗派鱼周询前往视察,鱼周询尚未到,尹洙命刘沪等停止筑城,并召见刘沪等人。但蕃部、氐人拦住刘沪等人,请求自备财物筑此城。刘沪等怕惹出乱子,继续筑城,未赴见尹洙。尹洙乃命狄青逮捕了刘沪等人下狱。庆历四年(1044)三月,蕃部、氐族人民发动叛乱,并派人到鱼周询处告状,要求继续筑城。宋廷被迫释放刘沪等人,继续筑城,暂时平息氐族部落的反叛情绪。

欧阳修领导北宋诗文革新

欧阳修 (1007~1072)，字永叔，自号醉翁，晚号六一居士，吉州永丰 (今江西吉安) 人，北宋著名文学家，为唐宋八大家之一，北宋诗文革新运动的领袖人物。他幼时家贫，靠苦学成才；24 岁中进士后，任过朝廷和地方的许多官职，在北宋中叶也是重要的政治人物。当时，统治阶级内部以范仲淹为代表的改革派与保守派在政治上斗争激烈，欧阳修积极支持范仲淹的政治革新及改革文风的主张，以新的文学理论和丰富的创作实践领导了诗文革新运动。

欧阳修的散文理论继承了韩愈古文运动的精神，强调道对文的决定作用，提出"道胜者文不难而自至"(《答吴充秀才书》)。他认为道是内容，如金玉；而文是形式，如金玉所发出的光辉。他主张的"道"既非正统的孔孟之道，亦非理学家的性理之道，而在于切实地关心百事，使文学反映广阔的社会生活。在表现形式上，他师法韩愈的文从字顺而摒弃了韩文奇险艰涩的作风，提倡文章简而有法、自然流畅。在散文创作实践方面，欧阳修的成就达到了"众莫能及"的高度。他一生写下了 500 多篇散文，政论文、史论文、抒情文、笔记文等各体兼备，内容充实，平易质朴。其中最能代表其文学成就的，当属他那些脍炙人口的游记体抒情散文。在著名的《醉翁亭记》中，欧阳修通过描写滁州山水之美及游赏之乐，表现了一种在自然美景中超脱个人得失、处于逆境而不屈的精神气度。在艺术表现手法上，作者注重情景交融，营造出诗一般的意境。《秋声赋》以散文的笔调，运用多种比拟，描摹与渲染秋声秋色，突破了骈偶和意韵上的严格限制，改变了一般辞赋凝重板滞、了无生气的面貌，代表了欧阳修对赋体文学的革新，体现了他在艺术上的独创性。

欧阳修的政论性散文能以事实为根据纵横辩论，气势旺盛而又委婉曲折，富于内在逻辑力量，明确地表达了他的政治革新热情及政治见解。如《朋党论》、《与高司谏书》、《为君难论》、《贾谊不至公卿论》等，不仅富于现实意义，而且显示了欧文纡徐有致、婉转流畅的特色。

　　欧阳修不仅在理论和创作实践上倡导新文风，而且于嘉祐二年 (1057) 任进士主考官时，力矫科场风气，只取平实朴素之文而排斥"险怪奇涩之文"。王安石、曾巩、苏轼兄弟都因文风端正而受到他的奖掖提拔，从而成为古文运动的生力军，对北宋文风的转变影响极大。

　　欧阳修在诗歌创作上的成就不及散文，但亦有其特色。他的诗作中抒写较多也较为成功的是个人情怀和山水景物。这类诗思想内容相对贫弱，但时有新颖的意境和佳句，如《黄溪夜泊》中的"万树苍烟三峡暗，满川明月一猿哀"等。他另有部分诗作反映社会现实，议论时事，关心人民疾苦。如《食糟民》中官吏"日饮官酒诚可乐"，贫民则是"釜无糜粥度冬春"，对比鲜明；《答扬子静祈雨长句》则指出了统治阶级的剥削和享乐造成人民的贫困。《明妃曲和王介甫作》、《再和明妃曲》则谴责了昏庸误国的统治者，同情妇女的不幸命运。欧阳修写诗在艺术上主要受韩愈影响，想象奇特同时又有议论化、散文化的倾向，有些诗说理过多而影响形象的生动性。他的诗歌语言自然流畅，无韩诗的险怪艰涩之弊，风格清新，一扫西昆派的浮艳柔靡。此外，他善于论诗，首创"诗话"这一文学批评的新形式，写下了中国文学史上第一部诗话——《六一诗话》，对当时和后世的诗歌创作及理论产生了很大影响。

　　欧阳修以其诗文革新的理论主张及创作实践，为宋代散文的发展奠定了基础，并对清除西昆派的浮靡诗风起了积极作用，使诗文革新运动硕果累累，成为北宋文学的主流。

欧阳修作《朋党论》

　　吕夷简罢相后，夏竦仍然担任枢密使职务，后来才被贬，宋仁宗任命杜衍为枢密使，同时提拔富弼、韩琦、范仲淹等人执掌朝政。欧阳修、余靖等人为谏官。石介兴奋不已，即兴作《庆历圣德诗》一首，主要说明提拔贤人，斥退奸险小人都不是容易的事情，奸险小人即指夏竦。

　　范仲淹、韩琦等人与谏官欧阳修等人素来关系密切，因而夏竦及其同伙造谣中伤，指斥杜衍、范仲淹等人为朋党。

　　庆历四年 (1044) 四月，欧阳修写下了脍炙人口的《朋党论》一文以回击夏竦等人。欧阳修认为朋党之论，古往今来，历代都有，只有靠圣明君主来分辨君子与小人。

一般说来，正人君子之间因志同道合而成为朋党，小人与小人之间因利益一致而结成朋党，小人们往往见利忘义，因而小人的朋党仅仅是暂时的。

而正人君子则往往以道义、忠信、名节作为处世之本，他们能同心同德、共同进步、治理好国家，因而志士仁人才会有真正意义上的朋党。

宋祁、欧阳修等撰《新唐书》

记载唐朝历史的纪传体史书《新唐书》，共225卷，约从宋仁宗庆历四年(1044)至嘉祐五年(1060)，由宋祁、欧阳修等撰成。

因《旧唐书》言浅意陋，颇受时议，宋仁宗时乃下令重修，17年修成后由曾公亮进呈。其《进唐书表》称，《新唐书》和《旧唐书》相比，"其事则增于前，其文则省于旧"，"立传纪实，或增或损。"据统计，《新唐书》将《旧唐书》30万字的帝纪简化为9万字，并在内容上还有所增扩。《新唐书》删削了《旧唐书》中61人列传，增写331人列传，此外还增加志3篇和表4篇；因此《新唐书》所记史事多于《旧唐

欧阳修像

书》，尤其是其所记晚唐史事，比《旧唐书》大为充实。

《新唐书》帝纪严格遵循《春秋》"不没其实"的义例，虽字数大为削减，但内容并未因此而略漏。所增列传多取材于本人的章奏或后人的追述及碑志石刻、杂史、笔记、小说等，资料也较旧史为丰。诸志也大都比旧志详细。新创立的《兵志》、《选举志》，综述唐代军事制度的变革历程和学校科举、官吏铨选的规定；《地理志》系统著录全国军府、屯防军镇、河渠陂堰及中外交通道里等，内容缜密广博，超过了以前史志；《五行志》只记自然灾害现象而不附会人事，是史法撰修方法的重大改革；《艺文志》增补了《旧唐书·经籍志》所缺的中唐以后的唐人著作，有重要意义。此外，《新唐书》恢复了《史记》、《汉书》设表的传统，创立《宰相》、《方镇》、《宰相世系》、《宗室世系》四表，为研究唐代宰相的参错进退，宗室世族升降隆替和藩镇势力消长离合，提供了必要的资料。

宋金石学创立

宋代，我国古代史学家创立了金石学。这是一门对金石铭文作比较系统的搜集、整理、研究并用于历史考证的专门学科。金石学的创立，开扩了人们对历史文献认识研究的视野，丰富了历史文献学的内容，在史书撰述和史事考订上都有重要意义。

司马光撰写《资治通鉴考异》时采用碑文对史事进行考辨。郑樵《通志》有《金石略》专篇，录下一些古文字、钱谱、款识和历代刻石。这对金石学创立的理论、分类和著录等几方面都具有开创性价值。而宋代创立金石学的标志，则是欧阳修的《集占录》和赵明诚的《金石录》两部专书。

欧阳修的《集古录》10卷，是中国古代流传至今的最早的金石学专书。欧阳修在金石研究中也发现了一些正史与碑碣称述不合的地方，不仅指出了有关史传的谬误，同时也反映出作者的历史见解。通过对唐代谱牒的研究，他指出了唐代社会中门阀制度的性质及其对社会生活的深远影响，是历史上较早得出这一重要结论的人。

欧阳修在金石学思想上显示出朴素的辩证见解，这是难能可贵的。他嘲

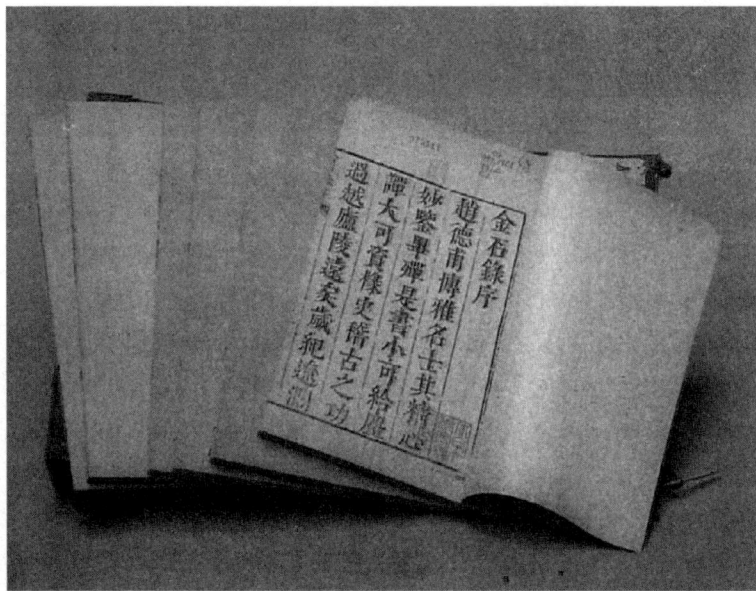

《宣和博古图》

笑那种想托于金石而不朽于世的可笑做法，认为古代圣贤之所以不朽，并不是因为将名声言辞刻于金石，他们的高尚精神情操是"坚于金石"的。这种观点不仅反映他对金石铭文作为历史文献的辩证认识，也反映了他对历史杰出人物的评价原则，以及他们受到后人追念爱戴的原因。《集古录》在金石学理论和历史理论方面包含了一些值得重视的见解。

赵明诚的《金石录》既受《集古录》影响，又发展了《集古录》。

从《集古录》、《金石录》到郑樵的《通志·金石略》，金石学已成为历史文献学的一个重要方面。它在理论上提出的问题，已不仅仅是考证、补充史书，还涉及到历史撰述中的采撰，这为后世史学发展开扩了眼界。

范仲淹作《岳阳楼记》

范仲淹 (989~1052)，字希文，苏州吴县 (今江苏吴县) 人，是北宋初年著名的政治家、文学家。他于宋真宗大中祥符八年 (1015) 进士及第，宋仁宗庆历三年 (1043) 官至参知政事 (副宰相)。从参加政治活动开始，范仲淹就积极主张革除时弊。庆历三年七月，他提出了十项政治改革方案，皇帝让他主持庆历新政，终因受到保守派阻挠而未能实施。他在文学上的主张与其政治革新的要求相一致，认为"国之文章，应于风化，风化厚薄，见于

《岳阳楼图》，前晋李升画。

文章"，功利目的较强，反对那种"专事藻饰，破碎大雅，反谓古道不适于用"的浮华文风。他擅长词赋文章，所作政论趋向古文，流传后世的有著名的《岳阳楼记》。

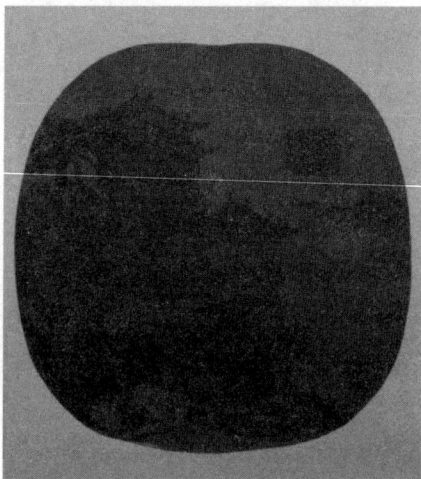

《岳阳楼记》立意高远，气势磅礴，充分抒写了范仲淹作为一个政治家的开阔胸襟和远大抱负。其时范仲淹已因新政失败而遭贬谪，但文中毫无消沉沮丧之笔，而是一开篇就展示了"衔远山，吞长江，浩浩汤汤，横无际涯；朝晖夕阴，气象万千"的洞庭湖壮观景色；接着立足岳阳楼，渲染湖上阴晴不同所致的环境及一般骚人迁客由此生发的心境；最后引出古仁人超脱环境影响"不以物喜，不以己悲"的高尚境界作为典范，表现了自己追步先贤，以国家社稷的安危为重，不计个人穷通得失的情操。

《岳阳楼记》的艺术表现手法很有特色。首先，文章虽为"记"，但不囿于一般亭台景物记的常例，构思新颖，将视野扩大到一楼之外，突破了时

空的限制，借景抒情，使全文为阐述自己的理想和追求服务。其次，文章熔议论、写景、抒情于一炉，将古仁人的忧乐与一般人的悲喜两相对照，将景物的变化与对人生真谛的思索结合一处，寓规劝之意而不露痕迹，入情入理，说服力与感染力都极强。第三，文中多用四言，以散语叙事议论，以骈语写景抒情，骈散相间，文采斐然颇有诗意。

《岳阳楼记》以其深刻的思想、深远的意境、深沉的情怀而深入人心，成为千百年来传诵的名篇。其中的名句——"先天下之忧而忧，后天下之乐而乐"，不仅受儒家正统的推重，更以其崇高的境界成为历代志士仁人的理想人格追求。

《欧希范五脏图》成

中国的解剖学起源很早，《内经》、《难经》中已有不少关于人体解剖的记载。

宋代人体解剖学有了进一步的发展，不但解剖得更为详细，而且将解剖结果绘制成图，编著了两部解剖图谱——《欧希范五脏图》和《存真环中图》。

最具典型的是《欧希范五脏图》，它是以欧希范等56人的尸体为标本绘制成的解部图。欧希范，本是广西宜州的一位书生，通晓文章，桀黠多智，庆历间聚众造反，俗话说"秀才造反，三年不成"。朝廷派杜杞讨伐，杜以招降为名，将欧希范等首领一行数十人诱捕杀头。宜州吏吴简将这56具尸体就近进行解剖，并令画工绘制成图，称这为《欧希范五脏图》。

吴简在《欧希范五脏图》里，详细地对解剖情况作了叙述："两天之内共解剖欧希范等56具尸体，每人喉中有三窍，一食、一水、一气，互不相通。肺之下，有心、肝、胆、脾；胃之下有小肠，小肠之下有大肠，小肠莹洁无物，大肠则为滓秽，大肠之下有膀胱。两肾一在肝之右微下，一在脾之左微上。其中黄漫者，脂也。"从以上记述知，除喉中三窍各不相通的认识不正确外，其他都与实际相吻合，其所谓"黄漫者脂也"；显然是对大网膜的记述，可见观察之详细。吴简还说："心有大小、方长、斜直等种种不同，唯希范心红而硬""蒙干多病嗽，则肺胆俱黑，欧诠小时得眼病，肝有百点"，这说明解剖时对不同尸体进行了仔细地比较，而且把解剖结果与死者生前的健康状况联系起来。可以说，这是中国病理解剖学的萌芽。

杨岐系临济宗昌大

1046年，禅宗弟子方会圆寂，他开创的杨岐系宗风旺盛，被认为是临济正宗。

宋代禅宗特盛，而禅宗五大门派中，沩仰、法眼二宗在宋初便已湮灭，云门宗在宋初倒还活跃，而且出了雪窦重显这样的名流，但宋中叶以后也销声匿迹了。曹洞宗法系绵绵，至晚近仍有传人，不过与世无争，势力不大。宋代禅门真正兴隆的实际是临济宗，时有"临天下，曹一角"之说。

宋代临济宗传至六传弟子楚圆，又分化出杨岐与黄龙两个支系，杨岐一系宗风较盛，在宋代有影响的人物较多，因而被认为是临济正宗。

临济宗之所以能一枝独秀，在于每代都有杰出传人。自宋初起，临济义玄门下出兴化存奖，存奖门下出南院慧颙，慧颙门下出风穴延沼，延沼门下出首山省念，首山省念门下更是麟游凤翥，到他门下学法的都是一时俊彦，他亲传弟子虽不广，但出了汾阳善昭、叶县归省、神鼎洪湮、谷隐蕴聪、广慧元琏等禅师，为临济宗的光大昌盛立下了根基。

汾阳善昭是首山传人，他曾历访诸方老宿71人，尽得其精髓，在他手中，临济宗发展圆熟，无论是说法之要机，宗乘之义门还是修证之标准，无一不备，当时天下道俗都对他慕仰万分，不敢称其名，而只称"汾阳"。

宋仁宗时，禅匠辈出，慈明楚圆是此中第一高人，他得汾阳善昭亲传，世称慈明禅师。在他门下出杨岐、黄龙二派，临济之道盛极一时。

杨岐派的方会和黄龙派的慧南同是楚圆高足，二人齐名，后各为一派宗师。但黄龙一系仅在慧南及弟子克文时期兴盛，不久便失传，杨岐一派遂成正宗。

杨岐系的代表人物主要有方会(992~1046)、克勤(1063~1153)和宗杲(1089~1163)。方会是杨岐系开山之祖。慈明楚圆先后徙居南源、道吾、石霜，他一路追随，得其启发而开悟。楚圆迁居兴化，他才辞归九峰，后来被迎居于袁州(今江西袁州府)杨岐山的普通禅院，后世遂称他这一派为杨岐派。方会之禅枯淡自守，浑然不露圭角，宣扬"一切法皆是佛法"。他的思想，被收集在《杨岐方会和尚语录》和《杨岐方会和尚后录》中，后又被编入《古尊宿语录》。

克勤是方会的三传弟子，因徽宗赐号"圆悟禅师"，世称圆悟克勤，他投拜于杨岐派法演门下，得到法演的赏识，与之"分座说法"；他在荆州时，与丞相张商英谈论《华严经》，张深为信服，称其为"僧中管仲"。

克勤一生著作宏富，代表作为《碧岩录》和《击节录》，《碧岩录》后来成为临济宗的重要典籍。

克勤的两个传人也都是光大临济门户的人物。宗杲自金兵犯京，避乱苏州虎丘，后往浙江径山传法，道场很盛，得他亲传的弟子90余人，分赴四方传法，临济一宗更盛。宗杲反对盲目卖弄机锋，为救此弊，他编撰了《正眼法藏》六卷。他也反对当时曹洞宗门人提倡"禅定"的"默照禅"，而提倡参研佛教公案的"看话禅"。

绍隆也是克勤嫡传，绍隆的弟子径山师范适应时局，倡导三教融合。正是绍隆这一支的弟子，在后世继续弘传临济法系，直至晚近不绝。

禅宗语录、灯录大量出现

宋禅的一大特色，就是禅宗语录、灯录的大量出现。

禅宗在中国佛学发展中一枝独秀，入宋以来，禅几乎成了佛的等义语，此时禅风大量地编制《灯录》和《语录》。《语录》前代虽有，但数量不多；《灯录》则是宋禅的独创，此外还有《评唱》、《击节》等注释性作品，更是前所未见。以"不立文字"号召四方的禅，变成了"不离文字"。

慧能作为禅宗的创始人，提倡"不立文学"，"直指人心"，是对当时佛教徒大量读经、注经、译经，逐步陷入繁琐哲学不能自拔的一种扫荡。这种"见性成佛"的简单法门固然使成佛的大门向每个人自由敞开，但本身也含有无法解脱的弊端。

禅宗文字的大量出现，来由大抵出于以下几个方面：其一，禅宗讲究"顿悟"，禅师互相参证禅道或者启发弟子的觉悟，就产生了各种的禅语机锋，

建于北宋庆历七年（1047）
的广东南华寺的罗汉坐像。

留下了一系列禅学公案，这些材料被记录流传，便成了各种"语录"。又由于这些语录多是触景生情或是因材施教的，后人往往不得要领，因此又产生了"评唱"、"击节"等注释性的作品。

其二，禅宗重视个体的觉悟，反对拘泥经教，如果禅机大行于世，从而平实之语变为幽险之句，方正之行变为畸行异迹，各种禅病与沙门丑行也因此滋生。有识之士认识到禅学作为一种宗教，毕竟离不开一些基本理论著作来维持其特定内涵。这是新的禅学著作大量涌现的又一原因。

其三，士大夫视禅学为精神生活的一个避风港，乐于参与，他们的加入在很大程度上改变了早期禅宗质朴少文的特点，也诱使禅宗后期向玩弄文字的方向发展。

禅宗文字中，所谓语录，是记述禅僧说法事迹的著述。宋代比较著名的语录有《古尊宿语录》与《天人眼目》等。《古尊宿语录》由颐藏主集，共48卷，广采南岳怀仁以下四十多唐宋禅师语录；此书出后，又有师明集《续古尊宿语录》6卷，智昭集《天人眼目》6卷。

所谓灯录则是一种记言体的禅宗史传，所谓"灯"，是佛教的比喻，认为无明众生不懂得佛教真理，犹如生活在黑暗之中，而佛教思想著作就如同黑暗中的指路明灯一样，指示众生脱离苦海。此外，灯不仅能照暗，且能灯灯相传，禅宗认为，以法传人，犹如传灯。

宋代最著名的《灯录》莫过于《五灯会元》。"五灯"原指五部禅宗史书，它们是：《景德传灯录》，法眼宗道元撰；《天圣广灯录》，临济宗李尊勖撰；《建中靖国续灯录》，云门宗惟白撰；《联灯会要》，临济宗悟明撰；《嘉泰普灯录》，云门宗正受撰。这些作者均为宋人，五部灯录共150卷，洋洋数千万言，记录了历代佛祖、禅师的语录，内容有很多重复之处。传到宋僧普济手中，删繁就简，合五为一，压缩为20卷，名为《五灯会元》。这部书后来成为最常用的禅宗史书之一。

附着在《灯录》《语录》之上的，则是大量注疏性的《颂古》《拈古》《评唱》、《击节》等形式的著作。"颂古"是以韵文体对古代公案进行赞颂性的解释，散文体的则叫"拈古"；最有名的《颂古》与《拈古》都出自宋初云门宗传人雪窦重显之手，尤其是他的《颂古百则》，以辞藻华丽和引证广博而深受士大夫与禅僧的称赏。

《评唱》、《击节》则是以临济宗的名僧圆悟克勤的《碧岩录》和《击节录》最为著名。《碧岩录》对雪窦重显的《颂古百则》的百条公案进行提示、评论，介绍公案提出者的简历，并就其中警句加以评唱（解释和评述）自作颂语，最后以评唱结束。这部书成为中国禅学临济宗的主要典籍，对日本禅宗影响很大。

王安石主张"文章合用世"

王安石 (1021~1086)，字介甫，号半山，抚州临川 (今江西临川) 人，北宋著名的政治家、文学家，唐宋八大家之一。

作为一个有抱负的大政治家，王安石一生致力于变法革新的政治理想，其文学主张亦带有明显的政治功利目的。他曾抨击西昆派文人"杨刘以其文词染当世"，并积极投身于欧阳修倡导的北宋诗文革新运动。随着变法思想的形成，他的文学观更明确地强调经世致用，其核心即"文章合用世"（《送董传》）。他认为"文者，务为有补于世用而已矣；所谓辞者，犹器之有刻镂绘画也。诚使巧且华，不必适用；诚使适用，亦不必巧且华。要之以适用为本……"（《上人书》）在他看来，"适用"乃是作文的前提，文采、形式是次要的，物器能用即可，不必太过花俏。他的文学实践充分体现了这些理论。其中以文章的影响和成就最大，卓立于唐宋八大家之列。

政论性散文在王安石的文章中占了很大比重。这些作品，大都针对时弊，以议论说理、驳难辨析见长。如《本朝百年无事劄子》，系统地分析了北宋百年以来的政治情况，希望神宗能革除"因循末俗之弊"，表现了他对社会现实的关心和刚毅果断的政治家风度。又如著名的《答司马谏议书》，言简意赅地剖析了司马光对新法的责难，措词坚决而又委婉，政治态度鲜明。还有《读孟尝君传》，从历史实际的客观分析出发，指出鸡鸣狗盗之徒出其门正是孟尝君不能得士的明证，以新颖独到的见解驳斥了孟尝君善养士的传统观念。这些政论文见识高远，组织严密，析理精微，辞锋锐利，富于鼓动性，充分体现了王安石作为政治家的气魄和眼光。这些文章往往以短小精悍取胜，行文"简而能庄"。《答司马谏议书》以 300 多字驳斥了司马迁 3000 多字的指责，文章"劲悍廉厉无枝叶"。《读孟尝君传》全文不满百字，却波澜起伏，跌宕生姿，清人沈德潜评价该文："语语转，字字紧，千秋绝调"，是古来短文中的名篇。

王安石的记叙文亦很有特色。他早年宦游州县时，写过不少记叙性散文，多属意于借端说理、载道见志，而不重写景状物、铺陈点染。如他的游记名篇《游褒禅山记》，以兴叹为主，记游是辅，表明他因游而悟的治学道理。

王安石为文早年主要师法孟子和韩愈，后得欧阳修指点，兼取韩非的峭厉、荀子的富丽和扬雄的简古，融会贯通，形成气雄词峻、峭刻幽远而又朴素无华的独特风格。虽然议论过多在记叙性文章中有时影响了形象性，且文采不足，但王安石的文章在宋代仍不失为第一流的作品，不仅对后人影响很大，即使当时在政治上反对他的人，亦推崇他的文学成就。

汉学向宋学转化

宋代兴起的理学，打破了汉唐以来儒家经典和注疏的至尊地位，否定和批判了传统经学，对当时的学术界是一次思想解放，促使经学从章句注疏之学（汉学）向义理之学（宋学）转变。

宋代经济、政治及阶级关系的发展变化、科学技术的发达、雕版印刷的进步和书院讲学的兴盛必然推动学术思想的交流和理论思维的发展。宋初统治者为医治创伤和强化对农民的思想统治，除实施发展生产的措施外，借助提倡儒学来重振纲常伦纪，以适应专制集权在思想领域进行一体化统治的需要。但要真正振兴和发展儒学在当时有两大障碍。第一，沿袭汉学章句注疏的唐代经学墨守陈规，拘泥于章句各物典章制度的训诂诠释，对前代名儒不敢稍有异议，更不敢偏离孔孟之道，严重束缚思想的发展，因而儒学的发展和振兴如不革新、改革就难以突破汉学繁琐的牢笼。第二，儒、佛、道鼎立的文化格局抑制和阻碍着儒学的独尊。佛、道讲求超世脱俗、生死轮回、成佛成仙，这种背君弃义的出世哲学，对儒家所维护的纲常伦理产生了巨大的冲击，如不加约束，佛老之徒就会横行中国，因此当时的有识之士从维护封建礼教出发，号召国人"鸣鼓而攻之"，于是宋初学术界产生了对佛道的有力抨击，用韩愈的儒家"道统"论来抬高儒家而贬低佛、道，认为佛教是"蛮

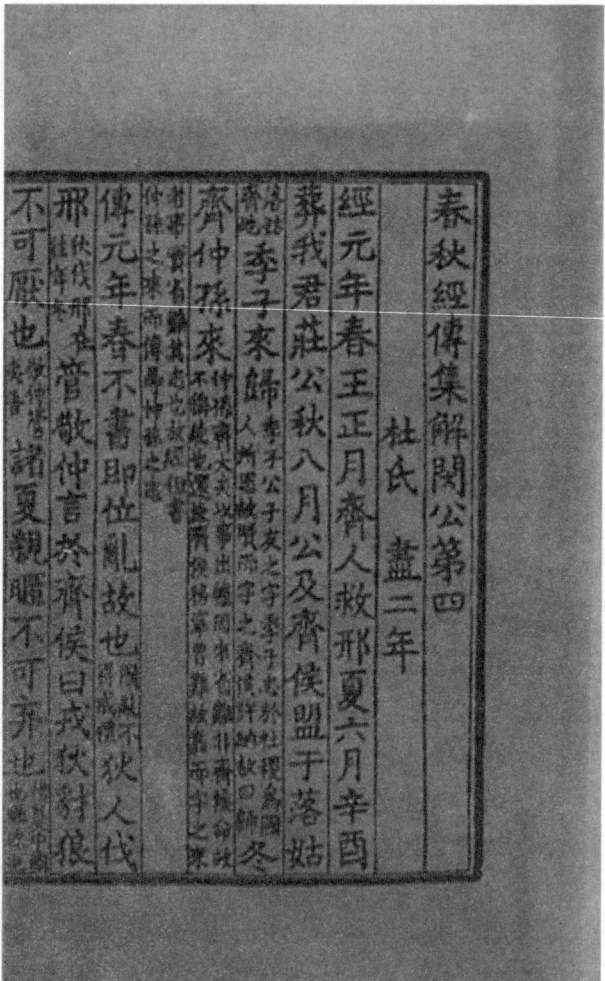

帝国书生气

宋代刻本《春秋经传集解》

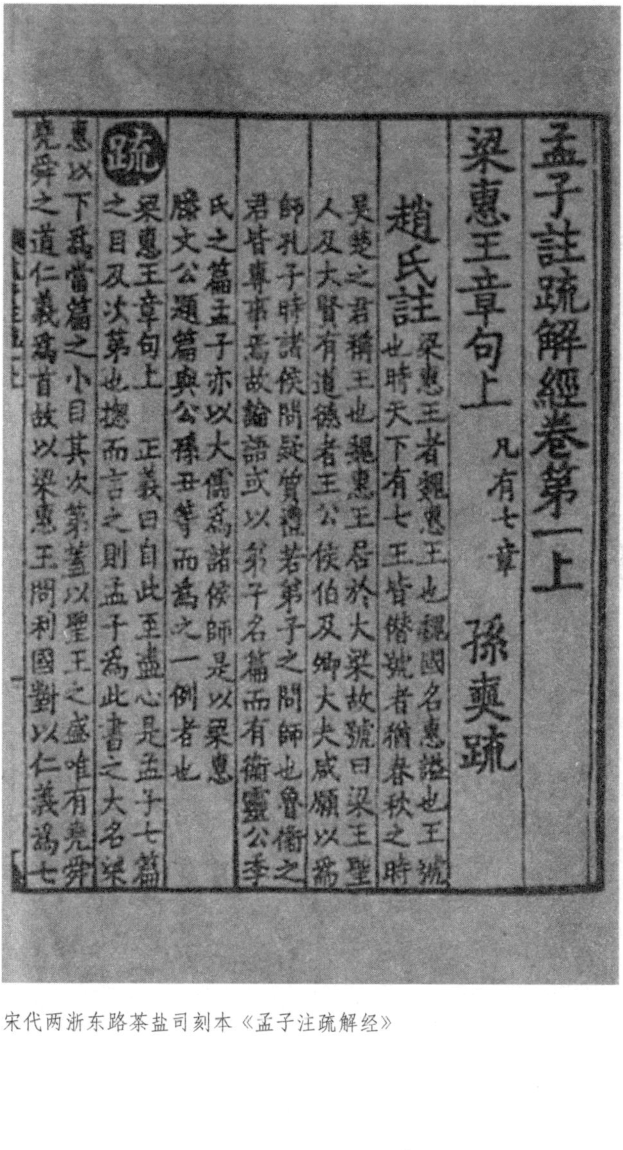

孟子註疏解經卷第一上

梁惠王章句上　凡有七章　孫奭疏

趙氏註　梁惠王者魏惠王也魏國名惠謚也王號
也時天下有七王皆僭號者稱春秋之時
吳楚之君稱王也魏惠王居於大梁故號曰梁王璧
人及大賢有道德者王公侯伯及卿大夫咸願以為
師孔子時諸侯問疑質禮若弟子之問師也魯衛之
君皆專事焉故論語或以弟子名篇而有衛靈公季
氏之篇孟子亦以大儒為諸侯師是以梁惠
滕文公題篇與公孫丑等而為之一例者也
梁惠王章句上　正義曰自此至盡心是孟子七篇
之目及次第也摠而言之則孟子為此書之大名梁
惠以下為當篇之小目其次第蓋以聖王之盛唯有堯
堯舜之道仁義為首故以梁惠王問利國對以仁義為七

宋代两浙东路茶盐司刻本《孟子注疏解经》

023

夷"之学。

宋仁宗庆历年间(1041~1048),为自由表达学说,一些学者由不信汉唐古注,进而大胆怀疑儒家经典,攻击训诂章句的治学方法,思想学术界开始发生变化。欧阳修提出《易》之《系辞》非孔子所作,震动学术界,此后李觏、司马光怀疑《孟子》,欧阳修、苏轼、苏辙诋毁《周礼》,苏轼讥讽《尚书》,苏辙、晁说否定《诗序》,怀疑经传的思想逐渐形成一股潮流。刘敞撰《七经小传》,以己意进行解释,开创新学风,孙复、石介、胡瑗等分别就《春秋》、《易》、《礼》进行新的阐述,学术风气发生巨大变化,由原先的"汉学"转变成新的"宋学"。宋学是以儒家经学为基础,兼收佛、道思想的新儒学,基本上分成两派:一派是以程颢、程颐及朱熹为代表的客观唯心主义学派,称程朱理学,一派是南宋陆九渊为首的主观唯心主义学派,即心学。程颢、程颐是理学的奠基者,其著作后人辑为《二程全书》,他们提出"义理"或"道",作为世界万物的本原,他们认为"义理"永恒存在、无所不包,先有"义理",然后产生万物,而又统辖万物,这显然是受佛教"真如"、"佛性"说的影响,人性说则有道家的影响。陆九渊提出"心即理也"、"宇宙便是吾心,吾心即是宇宙",认为"本心"即是真理,这是受佛教禅宗的"顿悟"说的影响。程朱理学在南宋经过更精致、更系统、更富哲理的阐释,在宋理宗时成为官方哲学,在思想文化界居于统治地位。

宋学是在唐代儒学和佛、道思想融合、渗透的基础上孕育和发展而成的,理学思潮的兴起,标志着唐、五代以来的儒、佛、道多元化文化格局的终结,使学术界呈现生动活泼的鼎盛局面,使儒学中的精华进一步发扬光大,增强了中华民族的凝聚力,但强化了封建专制主义的精神束缚,对巩固封建统治和维护封建社教起了重要作用。

毕升发明泥活字

庆历年间 (1041~1048)，毕升发明活字印刷术，实现人类印刷史上一次伟大变革。

毕升的生卒时间、籍贯及经历不可考。据《梦溪笔谈》卷一八载：毕升用胶泥刻字，字的厚度薄如铁钱，每字一印，用火焙烧使之坚硬而成活字。排版时，先在铁板上放置松脂、腊和纸灰，铁框排满活字后，再在火上加热至药熔掉，用一块平板按压字的表面，使整版字平如砥，即可印刷。"若止印三二本，未为简易，若印数十百千本，则极为神速"。为了提高效率，通常准备两块铁板，一块用来印刷，一块则可排字。第一块印完后，第二块已准备就绪，这样可以交替使用，瞬息可成。每个字有几个字模，特别像"之"、"也"等字字模多达 20 个，以防同板内重复使用。如果有奇字，旋刻之，用草火烘烤，一会儿就能用。

活字印刷的优点主要是减少反复雕刻字模的过程。雕版印刷时，每种书都要自刻一套印版，用过即作废，而泥活字印刷便可印刷许多书籍而不会磨损字模，从而大大提高印刷效益。后代的木活字、铜活字、铅活字均由泥活

活字印刷检字拼版图

毕升像

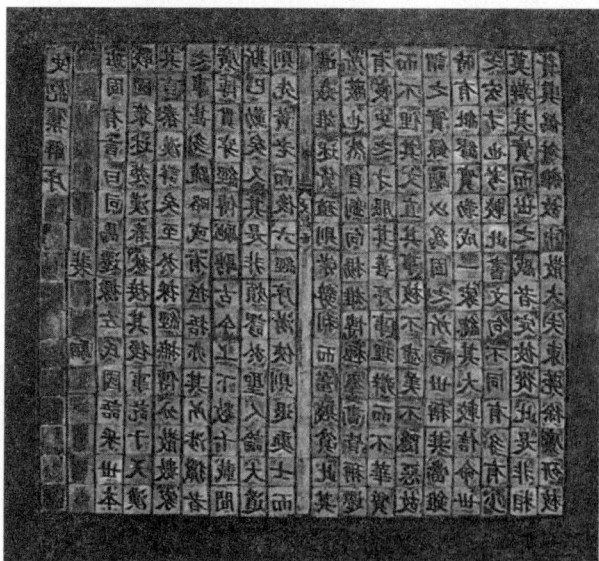

北宋泥活字版

字发展而来。毕升发明泥活字，比德国丁·谷腾堡发明铅活字早 400 多年。活字印刷术的发明，是一次印刷史上的技术革命，在人类文明史上起过里程碑式的重大作用。

中国象棋定型

北宋是我国象棋史上的大革新时代，这个象棋革新的最后结果是象棋逐渐定型为今日中国的象棋，无论是在理论上、技艺上都有较高成就，标志着中国象棋进入了一个新的发展阶段。

北宋时流行的象棋有几种形式。

（1）尹洙 (1001~1047) 著有《象戏格》1 卷，可惜久已失传了。晁公武在记述该书时说："凡五图，今世所行者不多焉"。依此推测，尹洙在 1047年以前所述有五种图谱的象棋，是与南宋流行的定型象棋不同的另一种象棋。

（2）据程颢《明道先生文集》卷一《象戏》的叙述，这种象棋有将、偏、禅、车、马、卒等子；有河界，卒过河可斜行一尖角；很可能有九宫，将在九宫内不但可以八方行一格，而且开局前放在九宫中央。

（3）《七国象戏》，是司马光 (1019~1086) 采用当时流行的两人对局的象棋而编出的棋子以战国区别：秦白、楚赤、齐青、燕墨、韩丹、魏绿、赵紫、周居中间不动。棋子有将 (以各国名代)，偏、禅、行人、炮、弓、弩、刀、剑、骑。七人对局。每人各占一国；六人对局，秦和一国"连衡"；五人对局，楚又和一国"合从"；至到三人对局（《欣赏编》辛集《古局象棋图》）。

（4）据《济北晁先生鸡肋集》卷三五《广象戏图序》记载北宋当时通行一种象棋，"盖局纵横路十一，棋三十四为两军耳"。

（5）有"将、士、象、马、车、炮、卒"32 个子并没有河界的棋盘，纵 10 路、横 9 路。

以上几种象棋，只有第五种民间象棋形制比较简洁，而对局的复杂性甚强。故能长期流传。这种象棋在宋徽宗时，形制已经同于今日。宋徽宗的《宫词》里有这样一首："白檀象戏小盘平，牙子金书字更明，夜静倚窗辉绛蜡，

约北宋中期的古格王国都城（现西藏札达县）白庙壁画《古格王统世系图》，是西藏仅有的吐蕃、古格王统世系图。

约北宋中期的古格王国都城（现西藏札达县）白庙壁画《二十七星宿》，是研究藏族天文历算的资料。

玉容相对暖移声"。(《十家宫词》）象戏即指象棋，棋盘是用白檀木制造，棋子是象牙做的，以金粉涂写成字。据《渎藏经》甲编第一辑第五十九套《支那撰述·大小乘释律部》所说可知，南宋初年民间流行的象棋，棋盘中间有河界，双方各16子。《二朝北盟会编》卷九八引曹勋《北狩见闻录》也说到了三十二子。由此可以推断，这种32子的象棋的成立，当不迟于11世纪中叶。

南宋时，象戏已成为当时群众文娱活动不可缺少的内容。

临安市内的小商店、小摊贩那里都可以买到棋子棋盘。在一般的茶肆中也置有棋具，供人娱乐。以棋供奉的宫廷棋待诏中，象棋手占了很大一部分，其中还有女棋手。宋代还有专门的棋师，姚宽《西溪丛语》卷上记载一道人善棋，是民间著名棋手。就连当时的船员和乘客都普遍爱好象棋。

棋局记载在南宋已有。如《事林广记》中发现了两局棋，其一，"白饶先顺手取胜局"；其二，"白饶先白起列手取胜局"。前者以"炮八平五，炮八平五"起局，后者以"炮八平五，炮二平五"起局。因宋代记谱方法是以黑棋为准，自左至右22方都用一至九的中文数码表示，故前局是顺手炮局，后者是列手炮局。

《事林广记》还记载了30个残局的名称，分十舱局面、人名局面和兽名局面三种，"二龙出海势"一局有图，是我国现存的最古老的一个残局图。

我国象棋在宋代定型后，爱好者不断研习、创新，逐渐丰富了着法的变化，使象棋进入了新的发展时期。

西夏巫术盛行

西夏文崇尚"诅祝"，也就是巫术，这在《宋史·夏国传》、《辽史·西夏外记》中有许多记载。

巫术在西夏国的民间、政府机构很盛行，甚至皇帝本人也信巫术。

西夏有专职的巫师，或称"厮"。其地位相当重要，仅居太后、诸王、国师、大臣、统军等国家重臣之后。巫师一般被认为有超自然的力量。他们的职责

校刻西夏文佛经

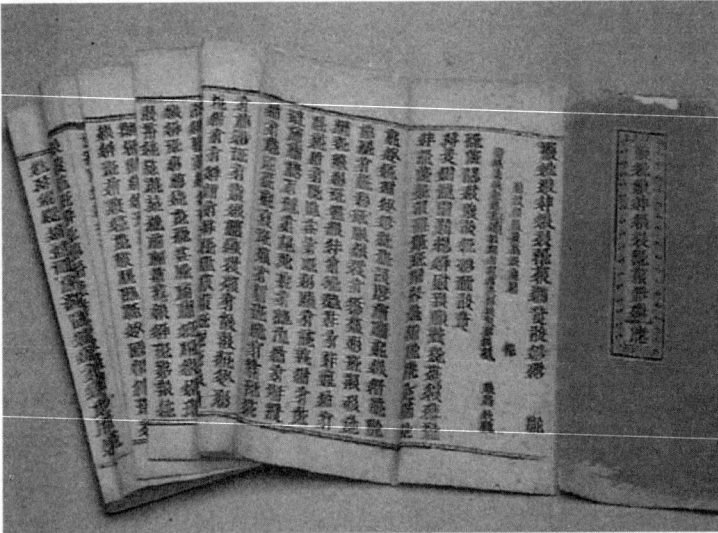

西夏文《大方广佛华严经》

宁夏银川拜寺口双塔。此时的佛塔地位已从崇拜中心降为殿堂的附属物。

在于预知吉凶福祸驱灾求助，解决疑难。如有一种"驱鬼"仪式是巫师把"鬼"送入预设的坑堑中，同时在坑边上骂詈，以达到消灾祛祸的目的。又如西夏人在战争中有"杀鬼招魂"的习俗。

巫师解决疑难，问吉凶的主要方法是占卜。占卜术在西夏社会具有重要的作用，从日常生活到军国大事都可采用占卜的方法预问吉凶与判断行止。

据史书记载，西夏出兵作战时就要占卜，这类占卜共有四种："炙勃焦"，用艾草熏灼羊脾骨，察看羊脾骨上被灼烧裂的纹路来判断吉凶祸福；"擗算"，在地上劈竹子，计算竹片数目以定吉凶；"咒羊"，夜间牵羊一只，焚香祷祝，同时在旷野烧谷火，次日一早杀羊，羊肠胃通畅则预示吉利，羊心脏出血出兵必败。"矢击弦"，用箭杆敲击弓弦，用听弦之发声音来判断出兵作战的胜负以及敌人进攻的日期。

占卜术在西夏民间亦被广泛采用。1183 年西夏人骨勒仁慧编成《五星秘集》，是有关星和行星的卜辞，其中亦有关于用天空云彩的颜色来判断吉凶的，如冬季白云黄云兆丰收，红云兆战争，黑云兆水灾等。除此，还有用以占卜吉辰，占卜吉日、凶日的卜辞。西夏人对占卜的结果深信不疑，不惜代价按卜辞所亦去做。

此外，汉族占卜术对其亦有影响，西夏学者斡道冲译《周易卜筮断》等汉文典籍，流行于西夏，故西夏巫术相当盛行。

西夏行宋历

史籍中多处记载宋朝向西夏颁赐历法，如宋元祐四年（1089）哲宗向西夏颁历诏书中说："赐夏国主，迎日推策，校疏密于一周。钦象授时，纪便程于四序。眷言候服，作我翰垣。爰锡小正之书，俾兴嗣岁之务，布宣于下，共袭其祥。今赐卿元祐五年历日一卷，至可领也"（《西夏纪》卷一九）。甘肃武威出土的西夏历书残页和黑水城遗址发现的墨书西夏文、汉文并置历书残页，可知是 1145 年和 1047 年的历法。历书中 24 节气的配置与中原阴历 24 节气表完全符合。

以游牧为生的早期党项人不知历法，只是"候草木以记岁时"（《隋书·党

项传》）。在内迁以后，逐渐学会了农耕，天文历法也因此变得日益重要。宋景德四年（1007）十月，李德明向宋朝请历，宋颁赐《仪天历》；宋乾兴元年（1022），宋又赐李德明《仪天具注历》。西夏建国后，1045年10月，西夏开始行宋朝所赐《崇天万年历》。其后，宋朝每年孟冬将下一年历法颁施西夏，定为常例，后因西夏归附金朝，从正德六年（1132）起，宋朝不再向西夏颁赐历法。

1051~1060A.D.

宋辽金夏

1052A.D. 宋皇祐四年　契丹重熙二十一年　夏天祐垂圣三年

五月，侬智高以宋却其贡物，聚众起事，破邕州，建大南国，号仁惠皇帝。宋以狄青为宣抚使，击侬智高。

是年，范仲淹死。隆兴寺摩尼殿成。

1053A.D. 宋皇祐五年　契丹重熙二十二年　夏福圣承道元年

正月，宋兵大破侬智高于归仁铺，遂克邕州，智高走大理。

1055A.D. 宋至和二年　契丹重熙二十四年　道宗洪基清宁元年　夏福圣承道三年

三月，宋改封孔子后为衍圣公。

八月，契丹兴宗死，子洪基嗣。

交趾郡王李德政死，遣使来告；以其子日尊为静海节度使、交趾郡王。契丹立学养士，颁五经传。

是岁，名词人晏殊死。

1057A.D. 宋嘉祐二年　契丹清宁三年　夏䄇都元年

欧阳修知贡举，改革文风。泉州洛阳桥成。

1059A.D. 宋嘉祐四年契丹清宁五年　夏都三年

二月，宋改茶法。

1060A.D. 宋嘉祐五年　契丹清宁六年　夏者单都四年

六月，契丹于中京置国子监。宋修新唐书成。是岁，名诗人梅尧臣死。

1051A.D.

日本陆奥酋长安倍赖时起事，遣源赖义等讨之，历九年始定，是为“前九年之役”。

1054A.D.

自诺曼人占领意大利半岛南部后，该地区之教会即落入罗马教皇之统治下，以此与君士坦丁堡之正教大教长发生激烈争执，各不相下，东西教会自此分道扬镳。

1055A.D.

土耳其酋长塞尔柱·托格立尔·卜格率师进入巴格达，自立为苏丹，从此阿拉伯帝国大权又落于塞尔柱土耳其之手。

1056A.D.

僧人信阿罗汉至蒲甘，遂奠定佛教南宗在上缅甸发展之基。

1059A.D.

教皇尼古拉二世召集拉特兰（宫）宗教会义，决议成立具有选举教皇权力之红衣主教选举团。

柳永撰写长调

帝国书生气

柳永 (987?~1053?)，原名三变，字耆卿，崇安 (今福建崇安) 人，是北宋著名词人。他在词史上第一个大量撰写长调 (慢词)，与温庭筠当初第一个大量写小令一样，都具开创之功。他生性风流倜傥，又多才多艺，早年应试京城时，多出入青楼教坊，他因浪子作风误了仕进，科场失意之余，索性自封"白衣卿相"，以示对黄金榜上功名的轻视，而后长期辗转于汴京、苏杭等都市，过着"流连坊曲"的放浪生活。年龄渐长之后，少年时的"怪诞狂情"逐渐消退，方改名柳永，考取进士，做了几任地方小官。他是北宋第一个专力作词的名家，其《乐章集》传词近 200 首，是北宋大家集子中保存长调最多的。

柳永的词题材内容十分丰富。同时代的许多词人还在流连湖光山色，抒写个人情趣和抱负之时，柳永却更多地关注都市生活，表现市民阶层的思想意识和生活情趣，这在当时文人创作中是一种新的倾向。他写汴京元宵夜的千门灯火、九陌香风；清明节的斗草踏青、斗鸡走马。最有名的是写杭州繁华气象、秀丽风光的 [望海潮] "东南形胜"，"烟柳画桥，风帘翠幕，参差十万人家" ——写出了江南名城的风貌和规模；"市列珠玑，户盈罗绮，竞豪奢"则表现了人民生活的富庶；"三秋桂子，十里荷花"勾勒出西湖美景，而"乘醉听箫鼓，吟赏烟霞"则透出一派净平……相传金主完颜亮读此词后垂涎于如此大好河山，遂"起投鞭渡江之志"，由此可见其社会影响。除了表现都市生活的新题材之外，羁旅行役、江湖流落的感受也是柳词的重要内容。这类词多将宦游的厌倦与相思的缠绵交织一处，表现了对世俗生活的向往。如 [雨霖铃] "寒蝉凄切"写离情别绪，情景交融——"念去去千里烟波，暮霭沉沉楚天阔"，词中人心情的黯淡使云水笼罩在同样灰暗的阴影之中；"今宵酒醒何处，杨柳岸晓风残月"则以寂静凄清的气氛，烘托出词中人漂泊江湖的孤独感，成为流传广泛的名句。

柳永在词的表现形式发展上的突出贡献在于创制了长调 (慢词)，扩大了词的篇幅。宋初词宗《花间》，多表现绮罗香泽和闲情逸致，几大名家的词集几乎全是小令；柳永致力于长调，开拓了新局面，使词的容量增加，有可能扩大题材范围。他在〔望海潮〕"东南形胜"中所极力铺叙的都市繁华，在以前的词中是不曾出现过的。长调(慢词)在敦煌曲子词中虽然也有，但多在民间流行，文人词中极少。

柳词在艺术表现上也自成风格，不同于一般文人雅士之制。其语言多半明白如话，且不避俚俗，大量吸收口语入词，一反晚唐五代词人的雕琢习气。如"系我一生心，负你千行泪"、"衣带渐宽终不悔，为伊消得人憔悴"等等，皆为雅俗共赏的佳句。这使得柳词在宋元之际流传最广，乃至"凡有井水饮处皆能歌柳词"。柳永通音律，作长调亦注意配合音乐，协调声律，因而他的词音节响亮，便于传唱、入乐。他的词集同时也是唱本，故名《乐章集》。

柳永继承并发扬了民间词和文人词的优良传统，在词的形式、题材和表现手法上都有所发展和创新，对宋代慢词、金元曲子以及后世的通俗文学产生了很大影响。

范仲淹去世

宋皇祐四年(1052)，北宋著名政治家、文学家、资政殿学士、户部侍郎范仲淹去世，终年64岁。

范仲淹(989~1052)，宋苏州吴县(今江苏苏州)人。大中祥符年间进士。为官以后，政绩显著，建树颇多。常自诵"士当先天下之忧而忧，后天下之乐而乐"。天圣初，任泰州兴化令，主持修筑捍海堰，世称"范公堤"。康定初负责对西夏的防务，筑城营田，对防御西夏起了重要作用。庆历年间，又改革吏治，发展农业，加强武备，被称为"庆历新政"。他还每每慷慨激昂，抨击时弊，奋不顾身，开创了一代士大夫重视气节之风。在个人生活方面，他勤俭持家，好善乐施。他独具慧眼，提拔一大批年轻有为的官僚，因而美名远扬。所到之处，多施仁政。他去世后，羌人部落几百名酋长共同在寺院表示哀悼，"号之如父"，斋戒三日，方才离开。朝廷追赠谥号为"文正"。

范仲淹的去世，使宋朝又失去一名重要政治家。

明人安正文画笔下岳阳楼。岳阳楼历来为文骚客所独尊，范仲淹的《岳阳楼记》成为千古美文。

晏殊作《珠玉词》

1055 年，北宋词人晏殊去世。

晏殊 (991~1055)，字同叔，抚州临川 (今属江西) 人，北宋前期较早的词家。他幼年时便以神童的声誉被荐入朝，得到宋真宗的赏识，赐同进士出身，后历任中枢和外郡显要，官至仁宗朝宰相。他生活在北宋相对承平的年代，仕途上没有遇到多少波折，基本上过着富贵优游的官僚生活，生平爱好文学，又喜结交朋友、荐拔人才，经常宴请宾客，以歌乐佐文酒之会，其词集《珠玉词》中的大部分作品即产生在这种花间樽前、歌舞升平的场合。

《珠玉词》的内容主要表现为两方面：一是流连诗酒、及时行乐。诸如"座有嘉宾尊有桂，莫辞终夕醉"、"不向尊前同一醉，可奈光阴似水声"，这类耽于逸乐的句子每每可见。在娱宾遣兴的同时，他又深深地感叹时光易逝，由此生发出他词作中的另一重要内容：伤春悲秋，抒发惆怅寂寞之情。[踏莎行]"小径红稀"中的"一场愁梦酒醒时，斜阳却照深深院"，[采桑子]"时光只解催人老"中的"时光只解催人老，不信多情，长恨离亭"，无不流露出对自然的时序推移，对人生的离合悲欢的种种感慨。他这类作品中所抒写的轻愁浅恨，实际上蕴含着人类自古以来的一种永恒的感伤。他的[浣溪沙]"一曲新词酒一杯"中的名句"无可奈何花落去，似曾相识燕归来"，极精辟形象地描写了自然规律的不可抗拒性，传达出对好景不长的深深无奈，其意蕴耐人寻味。晏殊的词一般没有很了不起的思想深度，但却以感情的深厚真挚取胜。他填词不是为应酬，即使是花间樽前之作，他也能够投入真性情，这就是他的词能触动人心的原因之一。

《珠玉词》的艺术风格恰如其集名，给人以珠圆玉润、和婉明丽之感。晏殊词继承了晚唐五代词的传统，既吸收《花间》的格调，又受南唐冯延巳的影响，有风光旖旎、雍荣华贵的一面，也有温雅明净、深婉蕴藉的一面。他写富贵风流而文字上未见堆金砌玉；写离情别恨而不作愁云惨雾，以意境、

"气象"取胜。他谨守五代小令的形式，在词中表现出一种上层文人士大夫的闲雅情趣，堪称宋初婉丽词风的代表。

宋赐西夏《大藏经》

宋至和二年（1055）、西夏福圣承道三年二月，西夏派遣使臣到宋朝购买史、传及佛教经典等书籍。宋朝陪同西夏使臣的王尚荣认为史书有东晋、北魏时期的历史事实，不能让蛮夷之人看，只能赠送些佛教书籍。于是宋朝赐给西夏一部《大藏经》。

定县开元寺塔建成

至和二年（1055），定县开元寺塔建成。定县开元寺塔始建于宋咸平四年（1001），位于今河北省定州市城区东南。塔高88米，为八角形11层楼阁型砖塔，是中国现存最高的砖塔。相传开元寺僧人会能曾往西天竺取经，得舍利子归，宋真宗赵恒乃下诏建塔供奉，"砍尽嘉山木，修成定县塔"。又因当时定州与契丹相邻，登塔可了望敌情，故又称"了敌塔"。

定县开元寺塔外观挺拔秀丽，比例适中，结构严谨，细部手法富于变化，为宋代砖塔中之佳作。

塔由十余种不同规格的青砖砌成。塔底层高度高于他层，全塔越向上塔径越小，层高也越矮，上部轮廓呈弧线内收，略近梭形，腰檐用砖砌叠涩挑出，断面呈内凹曲线，手法近似登封嵩岳寺塔。塔顶上用砖砌仰莲和覆钵，并上加铁制的承露盘和青铜宝珠。在八角形的东、西、南、北四正面，每层各辟有门，其余四面设窗，但其中仅第二、第十和第十一层的西南面是真窗，其余均为浮雕成几何形窗棂的假窗。塔身各层外壁内均有一周回廊，廊顶为砖制两跳斗拱，上施支条背板，仿木构建筑做法，其第二、第三层的背板用方砖刻出各种纹饰，且不重复，并饰以彩色，非常华美富丽；第四至第七层以木板代砖，上施彩绘；第八至第十一层仅用穹窿，无斗拱、平棋。回廊内

开元寺塔

为八角形砖柱，柱内设塔心室或砖阶。首层因高度大有两层塔心室。上部的圆顶仿斗八藻井的形式，用八条砖肋支承逐层挑出，第四层以上各层的阶梯在平面呈十字交叉形。塔内碑刻和铭文，具有极高的史料价值。

定县开元寺塔对研究中国古代佛教及佛教建筑都具有重要意义。

佛宫寺释迦塔建成

佛宫寺原名宝宫寺，在山西省应县城内，约于明代改为现名。释迦塔于辽清宁二年 (1056) 建成，是中国现存唯一的楼阁式木塔，也是现存世界上最

佛宫寺释迦塔结构图

佛宫寺释迦塔

高的木结构建筑。塔在寺内前部中心，前为山门，后面砖台上原有佛殿，是中心塔式佛寺布局。民间称为应县木塔。

释迦塔是一座平面正八边形、每边显3间、立面5层6檐的木结构楼阁式塔。底层和附加的一周外廊（副阶），直径共30米，塔身底层直径23.36米；其上各层依次收小约1米，第5层直径19.22米。塔下用砖石砌筑基座两层，共高4.4米。自基座至第5层屋脊，全部用木结构框架建成，共高51.14米。第5层攒尖顶屋面上砖砌刹座高1.86米；座上立铸铁塔刹高9.91米，因而全塔自地面至刹尖总高67.31米，约为附阶直径的2倍许，不过于瘦高，显得雄伟庄重。

释迦塔的结构采用中国古代特有的"殿堂结构金箱斗底槽"形式，第1层外檐用七铺作外观挑出双抄双下昂。共用柱额结构层、铺作结构层各9个，反复相见，水平叠垒，最上是屋顶结构层。每一个结构层，都采用大小同本层平面相同、高1.5～3米的整体框架，预制构件，逐层安装。这种结构坚固稳定，是有效的防震构造。释迦塔建成后500余年中，已经历1次大风暴和7次大地震，仍完整无损，便是有力证明。

释迦塔同山西五台佛光寺大殿、河北蓟县独乐寺观音阁，是现存中国古代建筑中的三颗明珠。释迦塔在建筑结构、技术、艺术方面的成就，使得它成为研究中国古代建筑史的重要对象。此外，释迦塔底层南面正门的边框和塔内第3层木制佛坛，均为辽代小木作的稀有实例。木结构能达到如此规模、如此高龄（到1996年已有940年），实为世界建筑史上一大奇迹。

吕昌明编潮候图

　　至和三年(1056)，吕昌明在前人潮汐理论的基础上，结合自己的实际观测，运用古代先进的天文历法知识，编制成《四时潮候图》。

　　《四时潮候图》共分三部分。春秋相同为一部分，夏一部分，冬一部分。在每一部分中，先有日期，即从初一到三十。然后是每日的具体时层，具体

浙江四时潮候图

春秋同				
初一二三四 初五六七八九 初十十一二三四五十	六七八九 十十一二 廿三四五 廿六七八 廿九十 三	午末初 未未正末 未末申初 申寅卯 辰巳巳 午午	大大 大大大下渐渐 岸小小小渐小 渐渐小交起渐 泽水大大渐渐 大大极	正末 夜子末 夜子丑初 夜丑寅 晚申 晚酉初 晚酉正 晚酉末 晚戌正 夜戌末 夜亥亥正 夜亥末 夜子初
夏				
初一二三四 初五六 初五六	六七八九十 十十一二 廿一	午末初 未未正末 未末申初 申寅 寅	大大 大大大下 岸小	正末 夜子末 夜子丑初 夜丑 夜丑末 晚申正

045

帝国书生气

七八九十一二三四五 初初初十十十十十	二三四五六七八九十 廿廿廿廿廿八九十三	末初末初末初末 寅卯辰巳午	小小小交起渐渐大 泽水大大大	末初正末初 申酉戌亥子初 晚晚晚夜夜夜
		冬		
一二三四五六七八九十 初初初初初初初十十十	六七八九十一二三四五 十十十十廿廿廿廿廿八九十三	末正末初正末初正末 午未申寅卯辰巳午	岸小 大大大下渐小小小 泽水大大大交起渐渐	夜夜夜晚晚晚夜夜夜 子丑寅申酉戌亥 初末初正末初正末

1064 年始建的福建莆田木兰陂御咸蓄淡灌溉工程

时层又根据初、正、末细分成不同的时刻，如午末、末初、末正、未末等。再次是潮汐涨落大小情况。最后是和潮汐涨落情况相照应的夜晚具体时间。日期、时刻、潮汐大小与夜晚时刻四者相对应，一看便知一天中什么时间，潮汐怎样。其具体如下图：

如此精细准确的潮候图，说明我国古代对潮汐周期和月球运动的对应关系有比较正确的认识。对唐人认为潮汐因于"日出日没"的理论，北宋著名科学家沈括作了科学的批判，并指出月球运动才是潮汐涨落的真正原因。李约瑟评价中国古代的潮汐表，认为"中国人显然早于西方"、"在 11 世纪中，即在文艺复兴时期以前，中国人在潮汐理论方面一直比欧洲人先进得多"。

吕昌明编制的《四时潮候图》，元代宣昭又为此图补写了《潮候图说》，和图一起刻成石碑立于钱塘江畔浙江亭内，以便于航海者利用潮汐时刻进出港口。

越南反宋

广原蛮 (今越南广渊) 依智高建立南天国后，经常与宋朝发生冲突。因依智高与交趾 (今越南) 世代为仇，交趾也与依智高经常交战。皇祐四年 (1052) 二月，依智高上表要求归顺宋朝，但宋朝认为依智高曾归顺过交趾，不愿意接受依智高归顺。

依智高请示归顺被拒绝后，招纳一些亡命之徒，积聚力量，策划侵宋。皇祐四年四月，依智高率领 5000 军队从郁江东下，攻破横山寨 (今广西田东)。五月，依智高又攻陷邕州城 (今广西南宁)，建立大南国，自称仁惠皇帝，改年号为启历，大封文武百官。

接着，依智高统领大军，攻克横州 (今广西横县)、贵州 (今广西贵县)、藤州 (今广西藤县)、梧州、封州 (今广东封开)、康州 (今广东德庆)、端州 (今广东肇庆)，包围了广州。广州知州魏瓘积极备战，英州 (今广东英德) 知州苏缄也派兵救援，宋军里应外合，依智高被迫撤军，广州解围。依智高率军转而进攻贺州 (今广西贺县)、昭州 (今广西乐平)。

皇祐四年 (1052) 九月，宋仁宗命枢密副使狄青率军南下镇压叛军。皇祐五年正月，狄青与侬智高在昆仑关外归仁辅 (今广西南宁北) 大战，狄青用兵得当，大败侬智高，斩获 3200 余人。侬军退保邕州城后，估计守不住，乃火烧邕州城后由合江逃入大理国 (今云南)。狄青因平定侬智高叛乱有功，被升为枢密使，负责总揽全国军务。

曾巩追随欧阳修

曾巩 (1019~1083)，字子固，建昌南丰 (今江西南丰) 人，是宋代著名的散文家，欧阳修领导的诗文革新运动的积极支持者，唐宋八大家之一。曾巩"家世为儒"，自幼能文；嘉祐二年 (1057) 在进士考试中受到欧阳修的延誉奖引而身登仕籍，历任馆阁校勘等主持文史修撰、图书整理工作的官职，接着又作了十多年地方官吏，最后官至中书舍人。

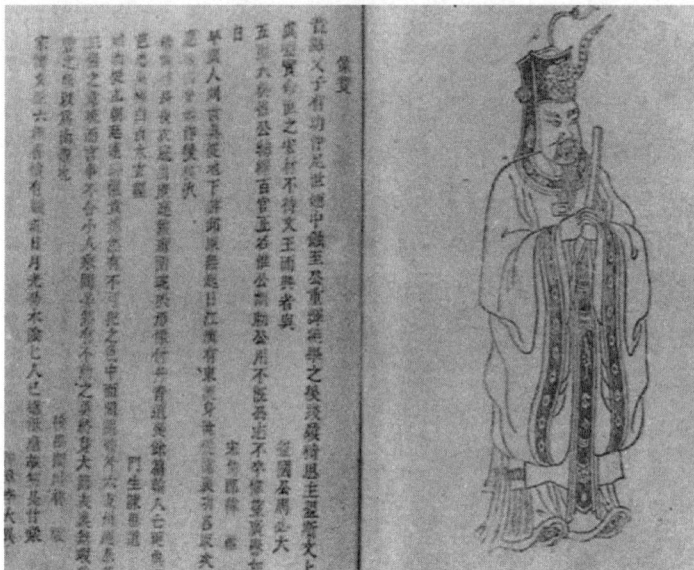

曾巩像

　　曾巩在诗文革新运动中追随欧阳修，其文学主张和创作都深受欧阳修的影响。他的儒学正统意识较重，自称"迂阔"，在理论上强调先道而后文，对道的重视比欧阳修更甚。他认为只有"蓄道德而能文章者"，才能写出明道之文。基于这种主导思想，曾巩的文章绝少抒情之作，多为议论文和记叙文，即使在记叙文中也常发议论。他的《上欧阳舍人书》、《上蔡学士书》论历代的治乱得失，有感而发，说理精辟；《王平甫文集序》以"人才难得"为中心，纵论周秦以来起用人才之少，埋没人才之多；《宜黄县县学记》、《墨池记》等论及学术、文艺的文章，纵谈古今，不乏卓见，但卫道气息也不时流露。《宋史》认为他的古文"本原六经，斟酌于司马迁韩愈"，实际上他既没有司马迁对历史人物的批判态度，亦缺乏韩愈那种针对现实"不平则鸣"的精神。虽然他在当时的文名仅次于欧阳修，但由于他没有欧阳修那样丰富的生活实践，所以文章也缺少欧文中那种激烈的政治内容和新鲜感、现实感，而一般以"古雅"、"平正"见称。

　　曾巩的散文在表达上有如下特点：首先，立论精策，以议论见长，风格与欧阳修相近似，文笔纤徐舒缓，冲和平淡，节奏从容不迫，语言干净。其次，曾巩为文不甚讲究文采，自然淳朴，但纵横开合，有摇曳之姿，布局完整谨严，叙事议论委曲周详，思致明晰，自有一种朴素美。

　　曾巩的文章在他生前身后都享有很高声誉，且是唐宋八大家中最便于学习的。朱熹在北宋各古文家中独服膺曾巩；元明的许多散文家都曾师法曾巩；清代桐城派散文作者学古文也多由曾文入手，由此可见曾巩在散文史上的地位及影响。

包拯权知开封府

　　包拯 (999~1062)，字命仁，宋庐州合肥 (今属安徽) 人。包拯为人刚直不阿，为官清正廉洁，使一些为所欲为的皇亲国戚、达官贵人不得不有所收敛。宋嘉祐 (1056~1063) 初，包拯被任命为权知开封府后 (权知为宋太祖罢节度使后立的官名，即暂代某官职而非正官)，下令大开开封府衙正门，使原告可以直到衙门里去诉说冤屈，使吏人不能从中插手，贪赃枉法，行贿受贿。当时

包拯像

京师有"关节不到，有阎罗老包"之语。当时，京师遭特大洪水灾害，有人告状说是由于宦官、贵人等在惠民河上修筑楼台、房屋，使惠民河被堵塞，造成洪水淹没京城的局面。包拯下令拆毁这些达官贵人的所有建筑物。宋仁宗得知包拯所作所为后，迅速提拔他为开封知府，负责治理京城。

此后，包拯还任权御史中丞、三司使、枢密副使，卒于位，谥孝肃。

王安石上万言书

宋嘉祐三年 (1058)，王安石移提点江南东路刑狱，入为三司度支判官后，向仁宗皇帝上长达万言的奏章，名为《上仁宗皇帝言事书》。

万言书中，王安石初步提出要改革法度。他认为当前朝廷所面临的严重

王安石"熙宁新法"失败后退居的南京半山园

王安石像

局势是由于国家制定的法令、政策和一些措施违背了前代的做法，所以要改变现有法度。而要改革现有法度，必须培训和选拔一批德才兼备的人才，才能达到预期目标。王安石主张从四个方面培养、选拔合格人才。其一，王安石认为州县之学徒具虚名，难以发挥作用，主张以经世致用之学传教；其二，倡导节俭，惩治贪官污吏，增加吏人俸禄，促使他们清正廉洁；其三，王安石认为通过科举考试出身的官员没有多少实际能力，由恩荫入官的官僚也不知其才干如何，此类选拔人才的方法不能采用；其四，在任用官员方面应因人而异，不能让一些官员经常变换工作环境，使官员不熟悉正常的事务。

王安石还指出了法度的变更与否同掌握国家政权的君主有密切的关系，认为只有贤明的君主才能将变更法度的工作坚持到底。

这篇万言书是王安石变法的立脚点，但未被仁宗皇帝采纳。

修凿灵渠

灵渠位于广西兴安县境内，在秦始皇平岭南时开凿后，北连长江水系、湖南地区，南入珠江水系，直通大海，秦汉以后即可航行舟船。

但灵渠底全是石头，河床又窄又狭，十八里之内设置三十六个斗门，一级一级抬高水位，才能通航，而且船的载重量不得超过一百石，否则会搁浅。枯水期根本不能通航，只有涨水期才有运输。

宋嘉祐三年 (1058) 九月，李师中 (1013~1078) 担任广南西路提点刑狱后，勤政干练，决心治理这一地区。招募民工修凿灵渠，废除了二十六个斗门，拓宽渠道，历时三个月，完成了这一工程，使灵渠可以顺利行船。保障了中国两大水系之间的运输畅通，取得很好的效果。

帝国书生气

欧阳修弹劾包拯

　　宋嘉祐四年 (1059) 三月，包拯担任三司使 (北宋最高财政长官，有 "计相" 之称) 的决定传达后，翰林大学士欧阳修立即上书弹劾包拯。上书指出：官僚士大夫理应重义轻利，珍惜名节，轻视官位高低。而包拯却大肆攻击三司使张方平，迫张下台；宋祁刚接任，包拯又抨击宋祁的过失。宋祁被罢免后，包拯顺利地担任三司使职务，这使人怀疑包拯是个奸诈小人。而且包拯才疏学浅，虽有刚直不阿的美名，但于事无补，恐怕难当三司使之任。再加上包拯不孝父母，品德欠佳。任用包拯为三司使，祖宗任用谏官的目的就会毁于一旦。欧阳修希望朝廷重视这一问题。

　　宋以盐铁、度支、户部三部合为三司，统筹国家财政，位置十分重要。故欧阳修这样郑重其事。但宋仁宗并未采纳欧阳修的意见，包拯仍然走马上任。

河南开封包公祠

宋纸钱流行

　　据记载，唐玄宗以前，民间已经开始用纸钱来祭祀鬼神。唐玄宗时，开始正式用纸钱襁褓祭祀，宋代已经普遍在丧祭活动中使用纸钱。民间在每年寒食节扫墓时，不设香火，而是把纸钱挂在墓旁的树枝上。北宋初年，福州的百姓都拿纸钱去东岳行宫祭神"乞福"，纸钱漫天好似"飞雪"（梁克家：《淳熙三山志·祠庙》）。司马光和俞文豹都记载当时民间遇到丧事，亲友们都赠送纸钱、纸绢等。这些都说明纸钱已经在宋代的丧事和祭祀中广泛使用。

　　由于纸钱的需求量逐渐增大，纸钱生产逐渐成为一项专门的行业。宋仁宗时，李宸妃的弟弟李用和（988~1050）早年和姐姐失散，流落在东京，穷困潦倒，以凿纸钱为业。南宋高宗时，廖刚就曾忧虑地指出，世俗中凿纸为缗钱，竟然成为一项职业，致"使南亩之民转而为纸工者十且四五"。可见当时纸钱流行之广。

　　纸钱的流行是与宋代薄葬的风气密切相关的。当时还流行用纸质的明器来代替陶制的明器和实用器物。赵彦卫就说过，古代明器，今天用纸做成，称"冥器"，纸钱称"冥财"（《云麓漫钞》卷五）。宋代用陶瓷俑像代替活人和牲畜殉葬，这是人类的巨大进步；普遍使用纸钱和纸质器来代替实钱和陶瓷明器，同样是社会的又一次进步。

泉州洛阳桥建成

泉州洛阳桥，又称"万安桥"，在今福建泉州市东北，跨越与惠安县分界的洛阳江。是我国古代著名的梁式石桥。

蔡襄知泉州时，为解决万安境内的交通困难，募捐建桥。于皇祐五年(1053)开始兴建，到嘉祐四年(1059)竣工。历时七年，在泉州洛阳江万安渡口建成洛阳桥。洛阳桥长3600尺，有47孔。该桥位于洛阳江的入海口，水急浪高，为使桥梁基础稳固，建桥工匠采用"筏形基础"方法，先在江中筑成一条堤，然后在石堤上修筑桥墩。桥墩用条石砌成，迎海一面呈尖劈状，以减轻浪潮的冲击力。为了使桥基与桥墩联结牢固，又发明了种蛎固基的方法。另外，还利用潮汐的涨落，控制运石船的高低，解决了架设巨大石梁的难题。这些都是古代建桥史上的重大发明。

李觏著《富国策》

1059年，李觏去世。

李觏(1009~1059)，北宋著名学者，字泰伯，建昌军南城(今江西南城县)人，曾创建盱江书院，故又被称为盱江先生。晚年经范仲淹等人推荐担任太学助教，去世前一年任海门主簿。一生从事学术，论著《富国策》集中体现了他的经济思想。

李觏是地主阶级中讲求功利主义的思想家。他认为利欲和仁义都是人类的本性，是可以互相包容的，这在当时儒家传统思想占统治地位的情况下具有启蒙意义。在他看来，圣明君王和理财家们应当实行富国政策，设法让国家富强起来，才是明智的选择。他还公开为中小地主和中等工商业者等"富者"辩护，认为他们是靠自己的勤劳节俭和聪明才智致富的，打击他们对国家发展经济不利。在土地问题上，李觏反对地主兼并土地，主张恢复先秦时期的井田制，解决农民的温饱问题，同时要实行重本抑末政策，驱使脱离土地的农民和经营奢侈品的小工商业者重新回到土地上去，增加农业人口，然后每人分给一定顷数的田地进行耕种。鼓励农民开垦不毛之地，数量不限。他反对谷贱伤农、谷贵伤末的传统说法，认为谷物的价格是"贱则伤农，贵亦伤农，贵则利末，贱亦利末"，主张改革平籴办法，阻止商人盘剥农民。他顺应商品经济进一步发展的客观要求，反对富商大贾垄断市场，主张改革专卖制度，鼓励市场竞争，允许商人自由运销盐茶等产品，以确保商品的质量和商品的畅销，并增加中央政府的财政收入。李觏针对宋王朝积贫积弱的状况，主张"量入以为出"，要求减轻人民的赋税负担，节省军费开支。他还针对当时流通中铜钱数量不足的状况，根据货币数量的理论，主张禁止恶钱流通，由国家按铜价收回恶钱和没收寺观中的铜像铜器，制造"法钱"，杜绝民间私铸恶钱，解决钱荒问题。

宋设立校正医书局

北宋嘉祐二年(1057)，政府设立"校正医书局"，专门校勘、整理医学文献，这一机构堪称世界上最早的国家卫生出版局。

开宝四年(971)，皇帝发布"访医术优长者诏"，以募集医学高手。太平兴国六年(981)，发布"访求医书诏"，大量收集方剂医书。天圣四年(1026)，朝廷又下令全国再次征集医药书籍，并令医学家在国家图书馆内进行整理。晁公悫、王举正等人校正了《素问》、《难经》、《诸病源候论》中的一些错误。景祐二年(1035)，宋仁宗又命精通医学的官员丁度校正《素问》。皇祐三年(1051)，南方瘴疬流生，民不聊生，医书奇缺，于是政府颁行《太平圣惠方》，并令殿中丞校勘医书官孙兆校订《外台秘要方》。

校正医书局正是适应这一需要而设立的。医书局的负责官员多是从馆阁和翰林医官院中挑选。比如著名医学家掌禹锡、林亿、高保衡、孙奇、孙兆、秦宗古、苏颂等人均在校正医书局任过职。

校正医书局成立后，先后校正了《素问》、《伤寒论》、《针灸甲乙经》、《脉经》、《诸病源候论》、《备急千金要方》、《千金翼方》、《外台秘要》、《嘉祐本草》、《图经本草》等重要医学著作。据说仅《素问》一书，就改正谬误 6000 余字。

北宋政府及校正医书局对医书的整理、刊行和传播，发挥了十分重要的作用。

欧阳修撰《新五代史》

鉴于宋初薛居正等人编纂的《五代史》(或称《梁唐晋汉周书》)中反映的历史思想苍白并自相矛盾，北宋中期，欧阳修花费了 18 年，以个人的力量，于宋仁宗皇祐五年（1053）基本完成了《新五代史》的撰述。

在修撰《新五代史》时，欧阳修本着重在"义例"和"褒贬"的撰述思想，师法《春秋》，以五代为乱世，将其与春秋时期相比较，认为这是一个父子骨肉之恩几乎泯灭绝决，夫妇之义几乎糟糕到形同禽兽的礼乐刑政彻底崩溃，中原几乎与夷狄之地不相上下的时代，他以史法明道义，以匡正乱世之是非，贯彻"道学"的要求。《新五代史》独创《家人传》，期望籍此揭示当时亲疏嫡庶混乱的现状。

在撰述形式上，《新五代史》改变了《旧五代史》以各朝君臣纪传相次的体例，采用李延寿《南史》、《北史》体例，按历朝的本纪、家人传、大臣传、类传、杂传编排，另有《司天考》、《职方考》分别记叙天文与方镇军名，世家及年谱记"十国史事，四夷附录，记少数民族"。

然而，《新五代史》毕竟属私家撰述，所以难免过于简单，叙事不够丰赡，削弱了史书的份量。新、旧《五代史》实各有长短，不可偏废。

苏轼书画独辟蹊径

北宋苏轼的书画在学习继承前人的基础上，努力追求创新，在文学、书法、绘画及理论几个领域内，都达到了极高的境界。

苏轼 (1036~1101)，字子瞻，号东坡居士，眉山 (今属四川) 人。他是诗人、词人、散文家、书画家。嘉祐二年 (1057) 中进士后入仕，宋神

苏轼《枯木怪石图》

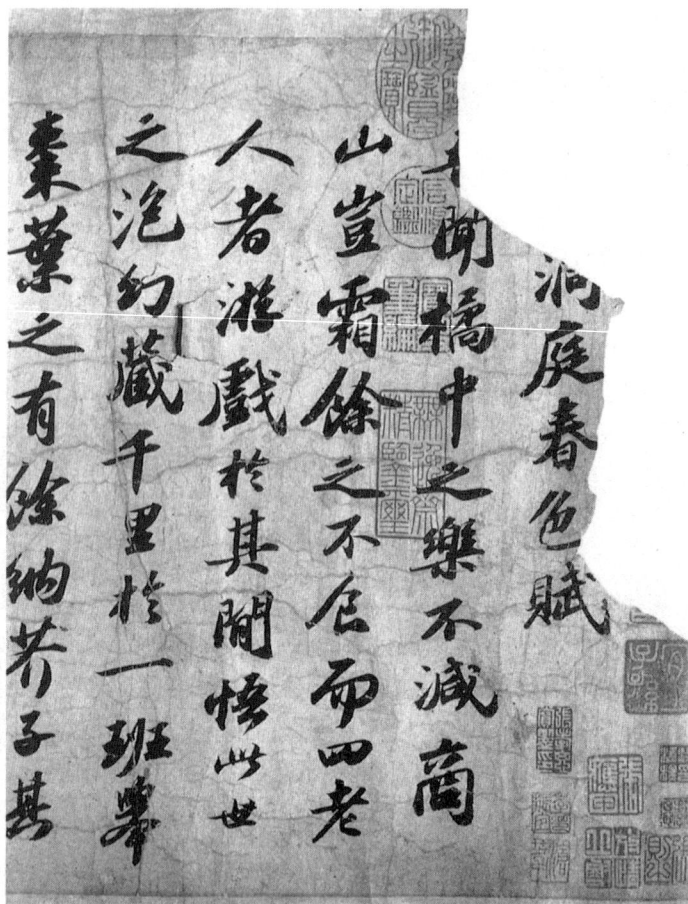

苏轼《洞庭春色赋卷》书法

苏轼《黄州寒食诗》书法

宗时曾任祠部员外郎，知密州、湖州、徐州。因反对王安石新法，贬谪黄州。宋哲宗时任翰林学士、礼部尚书，知杭州，又贬谪惠州、儋州、谥文忠。

苏轼是继欧阳修后北宋文坛的杰出领导者，在书画上也有独到贡献。在绘画理论上，他有许多创见，如提出"士人画"与"画工画"的区别，推崇王维的画"得之于象外"，因而主张绘画摹写人物与诗人大致相同，指斥单纯追求形象逼真。在这种思想指导下，他的绘画创作也不同于一般。他喜好画枯木、怪石、墨竹等，时出新意，形神俱妙。他的《枯木竹石图》一卷，画蟠曲枯树一株，顽石一块，石后露出二、三小竹和细草，深具意趣，可谓"诗中有画、画中有诗"。他画竹，常常一杆从地直至顶。图中枯木虬屈无端倪，怪石皴硬，自谓"枯肠得酒盘角出，肝肺槎枒生竹石"。枯木题材绘画也正是他心灵的写照。该图运思青拔、风格卓绝，是画中珍品。

在书法上，他少时学王羲之兰亭笔法，后又学柳公权，笔意工拙，字特瘦劲；中年始学颜真卿、杨凝式，笔圆而韵胜；晚岁作书挟大海风涛之气，如古槎怪石，如怒龙喷浪，奇鬼博人。他学书达到物我两忘、得心应手的境地，形成独特的风格，尤以行书和楷书名著于世。他所遗留下来的墨迹有《治平帖》、《黄州寒食诗》、《赤壁赋》、《祭黄几道文》、《新岁展庆帖》、《洞庭春色赋》等。

《治平帖》成书于早年，行书，字体端庄，富有姿媚，可见其少年时学王羲之的痕迹，但用笔肥壮，绵中裹铁，其酣放已具后来风貌。

贬谪黄州已值苏轼壮年，思如泉涌，诗文书法创作极富，最著名的墨迹代表是《黄州寒食诗》，为行书诗稿。诗的内容，充满着消沉、悲苦、凄凉、绝望的情绪。其书随意命笔，随着诗情的起伏而变化，参差错落，时大时小，忽长忽短，感情随着笔尖自然流出，达到了艺术形式和内容的完美统一，令人感叹不已。该帖笔墨丰肥圆润，浑厚爽朗、跌宕多变，代表了其行书的最高成就。

楷书《赤壁赋》笔致圆润丰腴，朴拙厚实，钝滞之处，有人疑为钩摹。《祭黄几道文》意味温厚，肥瘦变化较之《赤壁赋》于严谨中更富有活力。晚年《新岁展庆帖》等笔墨老辣，不拘形迹，姿态横生，达到了平淡中见天真的更高境地；行书《洞庭春色赋》等不惟古雅，且姿态百出，结构紧密，无一败笔，人誉之为"眉山最上乘"之作。

苏轼居北宋四大家之首，其书格调逸俊，以气韵见胜，黄庭坚誉其为"本朝第一"，对后世书画发展有极大影响。

1061～1070A.D.

宋辽金夏

1061A.D. 宋嘉祐六年　契丹清宁七年　夏奲都五年

十一月，宋枢密院上所编机要文字一千一百六十一册。

宋三馆秘阁上所编校书九千四百五十卷。

1062A.D. 宋嘉祐七年　契丹清宁八年　夏奲都六年

辽刻汉文大藏经成。

1063A.D. 宋嘉祐八年　契丹清宁九年　夏拱化元年

三月，宋仁宗死，皇子曙嗣，是为英宗；旋以病，皇太后曹氏权垂帘听政。

1064A.D. 宋英宗赵曙治平元年　契丹清宁十年　夏拱化二年

五月，宋皇太后曹氏撤帘，宋帝始独亲政。

1066A.D. 宋治平三年　辽咸雍二年　夏拱化四年

正月，契丹改号曰辽。

四月，司马光奉诏编历代君臣事迹，后赐名资治通鉴。

1067A.D. 宋治平四年　辽咸雍三年　夏拱化五年

正月，宋英宗死，太子顼嗣，是为神宗。

十二月，夏毅宗谅诈死，子秉常嗣，太后梁氏摄政。

1068A.D. 宋神宗赵顼熙宁元年　辽咸雍四年　夏惠宗秉常乾道元年

十二月，宋复夏国岁赐。

崔白入画院。

1069A.D. 宋熙宁二年　辽咸雍五年　夏乾道二年

二月，宋以王安石为参知政事，设制置三司条例司，筹变法。

宋行青苗法。

1070A.D. 宋熙宁三年　辽咸雍六年　夏天赐礼盛国庆元年

八月，夏大举扰宋大顺城等地。

宋以王安石为相。

1063A.D.

威尼斯扩建圣马可教堂，是为拜占庭式建筑在西欧之重要代表作。

1066A.D.

英格兰爱德华卒，威塞克斯伯爵哈罗德被选为国王，但诺曼第公威廉亦要求继承权。是年九月威廉率兵来犯，十月十四日战于英格兰东南滨海之赫斯丁斯，英军大败，哈罗德阵亡。威廉自是为英格兰国王，称威廉一世（英史称之为"征服者"）。

当阳铁塔铸成

嘉祐六年 (1061)，中国古代大型铸铁建筑物之一——当阳铁塔建成。当阳本名"如来舍利宝塔"，传说是如来佛祖的"舍利"保存地，位于湖北省当阳县玉泉市山门外，亦称"玉泉寺铁塔"。

当阳铁塔被誉为"古代建筑明珠"，它以砖砌塔基，铁铸塔身，重 53.3 吨，

湖北当阳铁塔

耗铁 76600 斤。塔体八面十三级，高 17.9 米，底座和 13 层塔身是宋代铸成，铜塔刹是清道光十五年 (1835) 加铸。塔身从下至上每层周长和高度逐渐减小，底座基部周长 9.6 米，到第十三层塔檐外，减至 4.3 米。每层每面均铸有"八仙过海"、"二龙戏珠"和海山、松涛等花纹图案，流畅自如。台座八角铸接有八尊铁金刚（现存六尊），个个全身甲胄，体态刚健，踏仙山，顶塔座，威武庄严。塔面外表全为仿木构楼阁式造型，每级四门，各级交替，其余四面各雕佛像，形态各异，104 个风铎悬挂于各角飞檐下。塔形挺拔纤瘦、稳健玲珑，夕阳照射下，"铁塔棱金"，蔚为奇观。

塔体分段冶铸，逐层迭装，不加焊接，共由 44 块铸件组成。当阳铁塔在建筑和铸造方面，具有重要的研究价值。

灵岩寺泥塑成

宋代，灵岩寺佛教罗汉像开始雕塑，此后，越元、明二朝，始告竣工，成为我国古代雕塑艺术宝库之一。

灵岩寺位于山东省长清县灵岩山，相传该寺始建于前秦永兴 (357~359) 年间，宋时，通称"十方灵岩禅寺"，成为著名佛家寺院。院中有许多宋、明时代的佛教塑像，主要是泥塑罗汉像。其中千佛殿有了身藤胎髹金和铜铸佛像、40 身泥塑罗汉像，在寺之四壁及屏壁上也陈列着很多尊木雕或铜铸的小佛像。

这些罗汉像体腔内还藏有各种重要文物，如铜镜、钱币、丝制内脏以及墨竹题记。有一尊泥塑还以铁罗汉为内胎，可知这些罗汉像是经过多次修塑而成的。根据碑传等材料推断，最早在宋英宗治平三年 (1066)，塑造 32 身，元致和元年 (1328) 又对其重新加以妆塑，这些塑像可能置于寺内般舟殿中，直至该殿倾坍。明朝万历十五年 (1587) 重新修缮千佛殿，并把残存的 27 身宋塑罗汉迁入殿内，又再抟塑 13 身罗汉，共成 40 身。清同治十三年 (1874)，最后一次妆銮后，即为现今所见之塑像面貌。这些泥塑身高 1.6 米左右，呈环状置列于殿内四周下层壁坛之上。在表现手法上追求形象逼真，刻划了不同年龄和身体特征的差异。宋代泥塑已掌握了相当成熟的解剖学知识，其形态结构合理，脸呈长方型，鼻梁高起，眉弓隆突，轮廓清晰，衣纹刚劲有力，又富于质感，体现了人物的不同性格和精神状态，达到很高的艺术水平。

灵岩寺彩塑罗汉

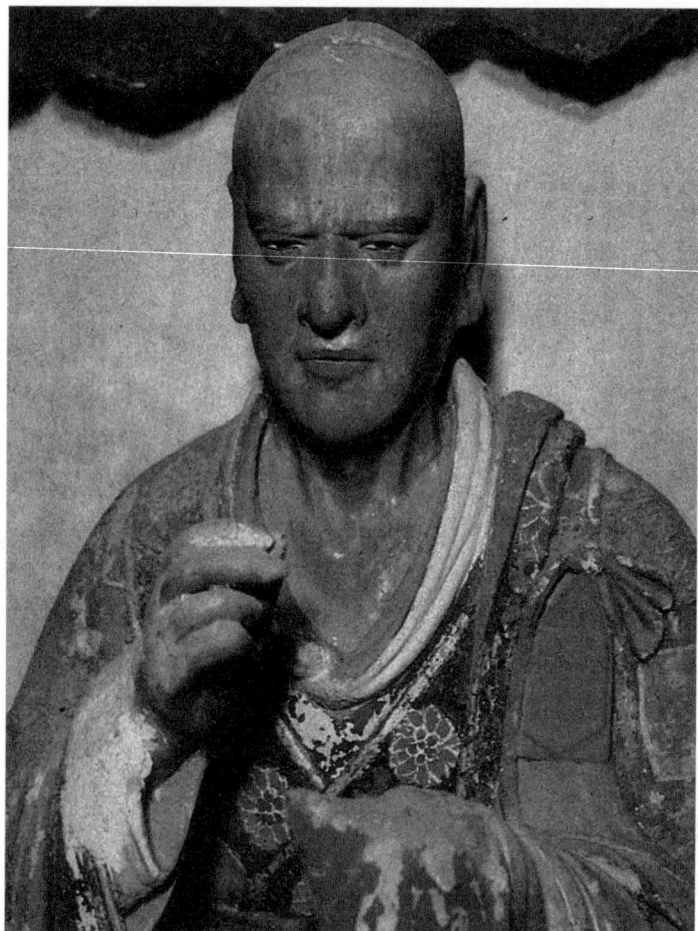

灵岩寺彩塑罗汉

宋仁宗卒·宋英宗即位

嘉祐八年 (1063) 三月底，宋仁宗病逝。

宋仁宗死后第二天，皇后决定立即召见皇子赵曙，让他即皇帝位。赵曙是宋仁宗之兄赵允让之子。因宋仁宗无后，晚年封赵曙为太子。宋英宋即位后几天，忽然发病，不认识人，满嘴胡说八道。宰相韩琦领着文武百官面见皇太后，经过商讨，专门下达一道诏书：宋英宗上朝听政前，皇太后暂时全权处理朝政。

治平元年 (1064) 五月，曹太后还政宋英宗，不再处理朝政。

当月，韩琦提出应对英宗之父濮安懿王、生母谯国夫人王氏等人的称呼问题作出符合礼仪的决定。治平二年四月，宋英宗命令朝廷礼仪官员讨论这一问题。天章阁侍制司马光认为崇奉濮安懿王应按直系亲属对待，可以追封濮安懿王为大国国王。吕大范、王珪等人认为天无二日，建议称呼濮安懿王为"皇伯"。但执政大臣则认为从古到今还未有"皇伯"之称，因而不符合礼仪。执政大臣中尤以欧阳修反对王珪的意见最为激烈。两派意见相持不下，执政大臣搬出皇太后来，让皇太后直接下达一道圣旨，追尊濮安懿王为皇，其夫人为后。欧阳修亲手草拟诏书，便将这一尊号确定下来。

蔡襄近世第一

治平四年 (1067)，书法家蔡襄去世。

蔡襄与苏轼、黄庭坚、米芾并称"四大家"。黄庭坚等人都对蔡襄的书法评价极高，苏轼更是称他是"本朝第一"(意指嘉祐、治平之前)，由此可见，蔡书的艺术价值在当时达到了最高峰。

蔡襄，字君谟 (1012~1067)，仙游 (今属福建) 人，官至端明殿学士。他

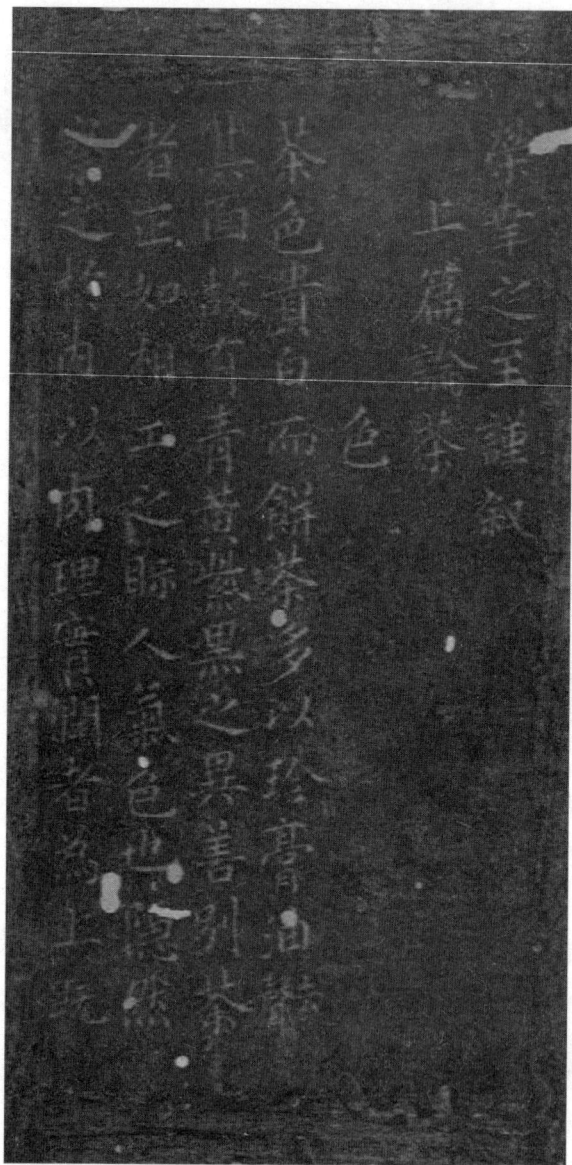

蔡襄的《茶录》书法作品

一生仕途比较顺利，书法师承涉猎较广，有张芝、钟繇、王羲之、王献之、李阳冰、颜真卿、张旭、怀素、智永等数十人。

从留下来的墨迹可以知道，蔡书笔札最优，其中属行楷的如《澄心笔纸帖》、《虚堂帖》、《山堂帖》、《大研帖》；属行草的如《脚气帖》、《中间帖》、《扈从帖》、《京居帖》、《郊燔帖》；草意更浓的如《入春帖》、《陶生帖》，这些简札有蔡襄温润婉转的独特风貌，在不同的场合随意挥写，每件作品明显不同。行楷书受颜体影响较浓，严谨厚重不及，但潇洒蕴籍可上追晋人。行草书受"二王"影响很明显，能很好地吸收和消化颜体的笔意，《中间帖》是很有代表性的作品，《脚气帖》气质颇盛，短短七行出现了三次长短不一的有力的悬针，增强了气势和虚实相生的效果，《郊燔帖》首尾呼应，流走自然。蔡襄有些草意更浓的作品，虽有的骨力稍弱但仍达到了很高的造诣。

蔡襄对楷书下功夫很深，《洛阳桥碑》是颜字体系的大楷佳作，并参以虞世南等笔意，他的大楷另一力作是《书锦堂记》，参颜、柳、荆浩笔意，较多用方折，在小楷中，《见录》石刻于紧动中有疏朗恢宏之美，黄文献曾茶真迹，赞扬"字势飘逸，颇具晋人风范。"蔡襄作字非常严谨。据说，他写《书锦堂记》每作一字要写数十字，选其佳作，裁截布列连成砚形，所谓"百衲碑"便是。

蔡襄在"四家"中评论书法的文字较少，但也有一些好的见解，如主张学书每取神气，又如得《原叔鼎铭器》知古之篆文"或多或省或移之左右上下，唯其急之所欲，然亦有工拙"，从中得到行草书的启发。又如他法书当取"天资近者，学之易役门户"，凡此都是有识见的经验之谈。

蔡襄与其他"三家"（苏、黄、米）的书法，都体现了"用意"的特色，在不同的程度上发挥了各自的个性，以书法体现意境、意趣，对后世影响很大。

中华文明

帝国书生气

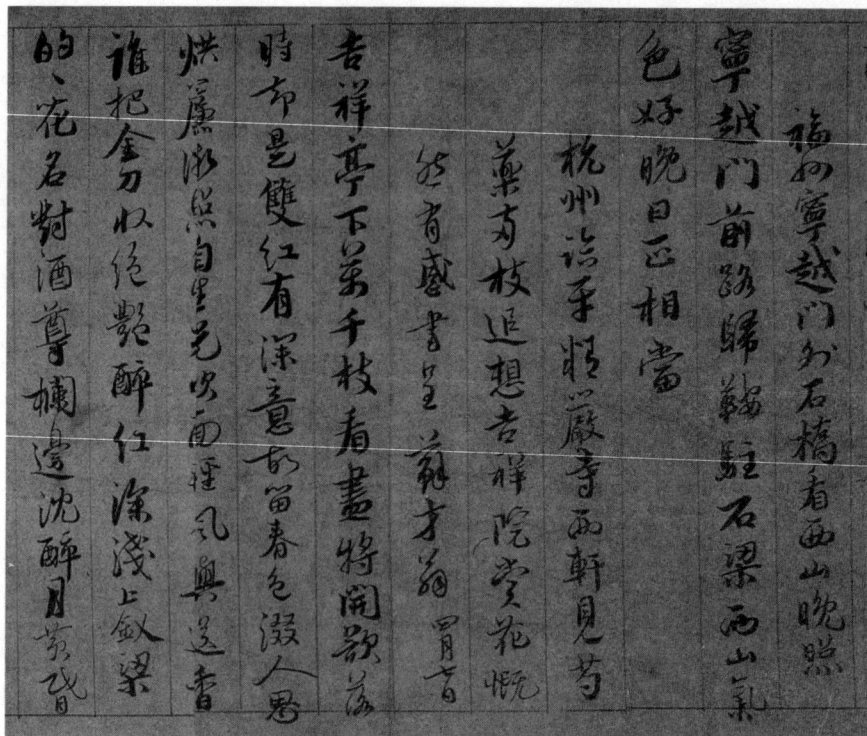

蔡襄的《自书诗》书法作品，被称为"第一小行书"。

宋贡举三年一次

治平三年 (1066) 十月，宋英宗下诏礼部，规定三年一贡举。又规定礼部奏名进士均以 300 人为额。明经、诸科不得过进士之数。宋太祖时，承唐、五代之制，每年一贡举。宋太宗之后，贡举时间不定。仁宗时，一般四年一贡举。嘉祐二年 (1057) 十月，又令两年一贡举。后因两年一贡举太频繁，有诸多不便。宋英宗乃下令改为三年一贡举。自此至南宋末，相沿不改。三年一贡举之制又为后来明朝、清朝所沿用，以致成为不易之制。

苏轼开拓宋词·"豪放派"词风出现

苏轼 (1037~1101)，北宋文学家，"唐宋八大家"之一。

苏轼在词的发展史上是开一派先河的大家。他以舒展豪放、大气磅礴的作品，在北宋词坛上树起了标志历史进程的丰碑。

北宋的一些著名文人都有比较远大的政治抱负，他们不满晚唐以来萎靡的文风，掀起了诗文革新运动，波澜所及，也给词坛带来了一些新气象。在范仲淹、欧阳修的部分词作中，已显露一些豪放之气，王安石亦明确反对依声填词的作法。苏轼志向高远，文名早播，不甘袭蹈前人窠臼，他的艺术才

《东坡扇图》，明代周臣画，描绘求诗于东坡成为当时士大夫阶层的风雅。

话说 中华文明

帝国书生气

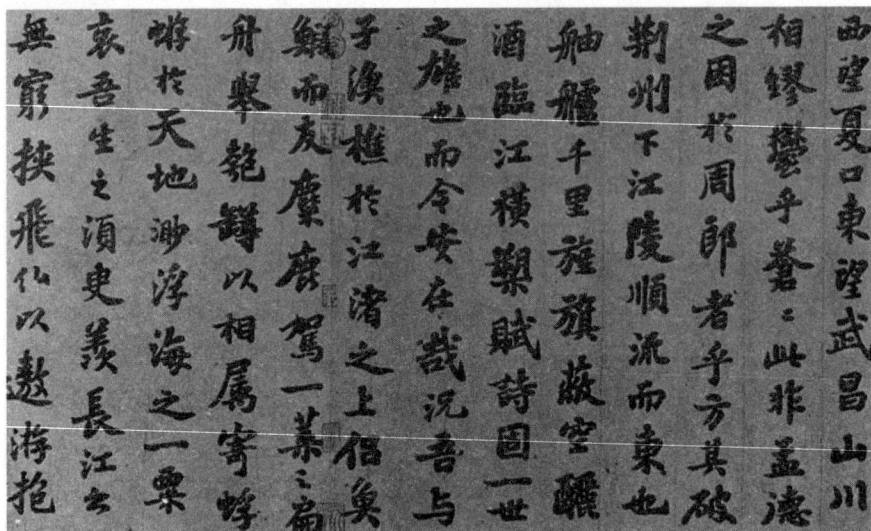

苏轼《赤壁赋》局部

华也使他能在新的天地里纵横驰骋，于是他的词便出现了一番前所未有的恢宏气象。

苏轼首先在词的题材上开疆拓土，扩大了词反映社会生活的范围，提高了词的意境，使词成为一种独立发展的新诗体。广至大千世界，深至个人内心，举凡记游、怀古、说理、感旧、田园风光、贬居生涯，苏轼都一一纳入词中，使原先局促黯淡的词境豁然开朗，为宋人开辟了一块可在其上与唐人诗歌方面的成就争雄竞胜的天地。《念奴娇·赤壁怀古》和《水调歌头·丙辰中秋……兼怀子由》这两首词集中体现了苏词的思想艺术成就。前一首描绘了赤壁古战场的雄奇景色和三国风流人物的辉煌往事，给人以沉雄壮观之感；后一首纵笔天上人间，融人生问题于宇宙问题之中，化解了个人的悲欢离合，表现出对现实生活的热爱。这两首词笔涉天地古今，境界开阔高远，既抒写了个人的失意惆怅，又表现出旷达超脱的情怀，一改词流连于"花间"、"樽前"的旧传统，展示了雄浑豪放的格调和社会人生的广阔领域。在苏轼手中，词这种文学形式几乎是"无意不可入，无事不可言"。他留下的300多首词中，有"会挽雕弓如满月，西北望，射天狼"的豪情，有"拣尽寒枝不肯栖"的孤傲，有"长恨此身非我有"的烦恼，有"一蓑烟雨任平生"的潇洒。《浣溪沙》

五首中，更展现了一幅清新的农村生活风俗画。这些都是前人词中少见的。

苏轼作词不拘一格，挥洒自如。他一方面创造性地"以诗为词"，将写诗的豪迈气势和遒劲笔力贯注词中，吸收化用陶潜、李白、杜甫、韩愈等人的诗句入词，一变前代词人镂金错采的风尚；一方面尝试用散文的句法写词，在词中发议论，偶尔兼采史传、口语，给人以清雄之感。他重视音律，但为了充分表达意境，有时放笔直书，突破了音律上的束缚。这一切使得他的词结构变化多端，写景、抒情和议论融为一体，有巨大的艺术表现力。

苏词的豪情逸气，影响到后来南宋的张孝祥、辛弃疾，开创了词坛上的一个重要流派。

王安石与司马光就理财问题争论

王安石在变法前，就与司马光在理财问题上发生根本的分歧。王安石认为宋代"积贫"的主要原因不在于财政支出过多，而在于生产甚少。他认为理财的最好办法就是广开财源，即"因天下之力以生天下之财，取天下之财以供天下之费"，从而扭转政府财政亏空的局面。而司马光在嘉祐七年(1062)的《论理财疏》中也提出了自己的理财方针，他认为自然界所能生产的物质财富一般都保持在一定的数量上，只会因水旱等自然灾害而增产或减产。而财政支出过多，冗官、冗兵、冗费等是造成国家财政紧张的直接原因。因而司马光的理财方针是节流，即节省一切不必要的财政开支。这样就能解决国家的财政危机。熙宁元年(1068)九月，王安石与司马光同时被任命为翰林学士时，就理财问题，又发生一场争论。变法派所实施的一切措施都遭到了以司马光为首的一些官僚的反对，司马光还攻击王安石的理财方针违背了孔孟之道。王安石写了有名的《答司马谏议书》，对司马光的诘难进行了有力的反驳。

任用王安石颁行均输、青苗及水利诸法

宋神宗即位后，于熙宁二年 (1069) 任王安石为参知政事，开始变法。

熙宁二年二月，经神宗与王安石商讨，为实行变法而设立了一个专门机构——制置三司条例司，负责制定新的财政经济政策，变革旧法，颁行新制，以通天下之利。

熙宁二年七月，制置三司条例司上书宋神宗，认为目前国家财政危机异常严重，而京师的需要和地方上贡情况互不通气，因而六路(江南、荆湖等六路)上贡的地区花大力气、高价钱运输到京师的财物，因京师不需要，往往以半价出售，造成富商大贾囤积居奇、操纵物价的严重情况。因此，制置三司条例司建议实行均输法。即增设发运使一职，总计六路赋税收入情况，并详细了解六路各地区财货的有无、多寡而互相协调。发运使还必须了解京师仓库储存物品情况，从而向各地征取所需物资，以防止商人囤积居奇。宋神宗即任命薛向为发运使。均输法的实行，在"便转输，省劳费，去重敛，宽农民"等方面，收到一定的成效。

熙宁二年九月，王安石根据自己早年在鄞县 (今浙江宁波) 任官时实施的借贷粮食给老百姓、秋后计算利息以偿还的经验，并参照李参在陕西地区推行青苗钱的例子，改革常平仓制度，实施青苗法：将过去负责调节谷价的常平仓及负责赈济贫疾老幼的广惠仓所积粮谷兑换成现钱，每年青黄不接时，于夏秋两次向城乡居民借贷，届时随两税归还，或缴纳现钱，或按价折为粮米。青苗法的实行，在限制高利贷盘剥等方面，收到成效，朝廷也获得大量利息。

熙宁二年十一月，宋颁布实施农田水利法，又称农田利害条约或农田水利约束。此法的主要内容是，凡农田如荒闲可事垦辟，瘦瘠可变肥沃，旱地可为水田等，吏民皆得自言，由州县斟酌统一实施。行之有效者，予以奖励。农田水利原则上由受益人户按户写出工业科兴修。州县官吏于农田水利做出

成绩后，量其功利大小，予以酬奖或超迁。此法实行后到熙宁九年 (1076)，全国共兴修水利 10793 处，受益民田 36 万多顷，公田 1915 顷，收到了显著的成效。

宋臣反对变法

熙宁二年 (1069) 二月，王安石任参知政事后，宋朝廷设制置三司条例司，各路设提举常平官，进行变法。至年底，均输法、青苗法、农田水利法相继制定并付诸实施。

然而，新法遭到了许多臣僚的激烈反对。保守派首要人物司马光先后三次致信王安石，要求罢去制置三司条例司及常平使者。韩琦、欧阳修等元老亦上疏朝廷，反对推行青苗等法。这种反对到熙宁三年 (1070) 三月达到高潮。右正言李常攻击王安石"不本仁以出号令，考义以利财赋"，而专以"病民敛怨之术"以佐赵顼 (神宗)；吕公著屡奏请罢提举官。司马光为了反对推行新法，坚决辞免枢密副使的除命，其挚友范镇也与之密切配合，请罢通进银台司。保守派对变法的反对，于此达到高潮。为了维持新法的推行，神宗不得不采取措施，罢免孙觉等人。

苏轼反对变法

熙宁二年 (1069)，王安石的改革遭到保守派的反对，连当时以稳健为主导思想的苏轼也加入反对派行列。

王安石变法主张加大法制建设，向全国推行新法，而苏轼却认为应择吏任人，反对"立法更制为事"。王安石认为解决国家财政亏空的办法是多方筹集资金，"广求利之门"，而苏轼则强调节约开支，减少浪费，"节用以廉取"。他一直强调稳重改革，反对王安石的过于急进，认为"欲速则不达"，"轻发则多败"。因此，他连续上书朝廷，反对变法。朝廷拒绝了他的建议，于是他请求外调，被陆续调往杭州、密州、湖州出任地方官。

神宗驾崩后，哲宗继位，由于年幼，高太后主掌朝政，任用司马光改革，由于司马光废除免役法，改用差役法，又引起苏轼不满，使旧党对他感到怀疑，再次将他排挤出京。

绍圣元年，哲宗亲政，再次启用新党，苏轼遂又成为新党打击的对象，政治上还是不得势，被朝廷流放岭南之地，先是英州（今广东英德），后是惠州，最后到了儋州（今海南儋县）。直到宋徽宗即位（1101），才被赦免北上，可惜年事已高，未及京城，就半途殁于常州。

苏轼的一生，虽然在文学创作上得到了颇大的声誉，但在政治抱负上却屡不得志，既与激进的改革发生分歧，又与保守的旧党互为抵触，虽然在任地方官时有所政绩，但范围太窄，未能有机会在全国范围内加以推广，引为至憾。

文同画竹

北宋文人画家文同爱竹知竹画竹，所绘墨竹，冠绝于世。

文同 (1018~1079)，梓州永泰（今四川盐宁）人。号锦江道人、笑笑先生，世称石室先生。家世业儒，因神宗元丰初年曾出任湖州太守，故后人又称其为"文湖州"。

文同出身于书香门第，精通音乐，善长诗、书、画及楚辞，人称"四绝"。他和苏轼是表兄弟，但他处世谨言慎行，与苏轼的豪放恣纵不同。

文同能画竹石枯木及山水，长于墨竹，他爱竹又画竹，还常常栽竹、赏竹以自娱。人说他是：朝与竹乎为游，暮与竹乎为朋，饮食乎竹间，偃息乎竹阴 (苏辙《墨竹赋》)。对竹的形态规律有深刻的体会，他熟悉竹的习性，以画竹自勉高洁之志。

文同强调画竹必先成竹在胸，执笔熟视，乃见其所欲画者，急起从之，振笔直遂，以追其所见。他在画中巧用浓淡，"画叶以深墨为面，淡墨为背"，他的竹子造型十分注重结构与疏密，常取大形于曲折中，生机勃发。

文同因对竹有深入的观察与体会，画竹常能妙得其理。所画纤竹、偃竹、

《墨竹图》，文同画。

折枝竹、丛竹等都是他对墨竹形象的创新。可惜其墨竹真迹传世不多，仅《墨竹图》一件。

《墨竹图》为纸本水墨画，竹杆似屈而不屈，竹叶针刺凌飞，浓淡交替而又层次清晰，竹品人情尽在其中。

文同是对墨竹作出巨大贡献并对后世有着巨大影响的画家。米芾在《画史》中称："以墨深为面，淡为背，始于与可。"他的画风后人称为"湖州派"。

张紫阳精研内丹

北宋道士张紫阳(984~1082)，原名伯端，字平叔，天台(今属浙江)人。精读三教典籍，通晓刑法、书算、医卜、战阵、天文、地理、吉凶死生之术。曾为府吏，后因触律被遣戍岭南。治平年间，龙图阁学士陆诜镇守桂林，把他引置帐下。熙宁二年(1069)，他自桂林赴成都。传说遇到真人传授了金丹药物火候的秘诀(一说"遇青城丈人，得金液还丹之妙道"；一说"遇刘海蟾，授以金液还丹之诀")，于是改名为用成(诚)，号紫阳山人。熙宁八年作《悟真篇》，宣传内丹修炼和"三教合一"思想，对道教影响很大。南宋以后，张紫阳被奉为南宗祖师，列南五祖之首，称紫阳真人。

张紫阳著的《悟真篇》是内丹修炼的主要道教论著之一。与《参同契》齐名。他认为道、儒、释"教虽分三，道乃归一"，主张以道教修炼性命之说来撮合三教。该书把修命视为金丹修炼的重点。以诗、词、曲等体裁阐述内丹理论，提倡修炼内丹是修仙的唯一途径，而摈弃行气、导引、辟谷、房中术等方术。

在修炼方法上，他强调寻真药、辨鼎器、明火候。所谓真药，不是外丹所用的三黄(雄黄、雌黄、硫黄)、四神(石、砂、铅、银)及草木药之类，而是"真种子"，即人身的精、气、神，又称"上药三品"或"三宝"。三宝经三步修炼才能成金丹：第一步是炼精化气，使精气结合而化成气，称为真铅或坎；第二步是炼气化神，即将元与神(为汞或离)合而炼成金丹；第三步炼神返虚，即通过修性，达到虚寂无为，与天地合，与宇宙同体的境界。这种由三变一的过程，称为《老子》"道生一，一生二，二生三，三生万物"的逆行，是老子之道的具体运用。

二程标扬理学

北宋时期，程颢、程颐在洛阳聚众讲学，形成了以"天理"论为核心的理学思想体系，创建了北宋影响最大的理学派别——洛学。二程创立的理学体系成为宋明理学的典型形态，直接影响了朱子学的产生。

程颢、程颐是两兄弟，同为理学奠基者。程颢(1032~1085)，字伯淳，人称明道先生。程颐(1033~1107)，字正叔，学者称伊川先生。二程兄弟早年同受学于周敦颐，立志于孔孟之道，以继绝学为己任。

"天理"作为宇宙本体和理学体系中的最高范畴，在二程的思想中正式提出。"天理"的涵义主要有三方面：首先，"天理"是宇宙万物的本原。其次，"天理"是社会伦理道德规范的总和。再次，"天理"是万物必须遵循的规律或准则。

二程从天理论出发，引出了人性论，提出"天命之性"和"气质之性"的概念。"天命之性"是天理在人身上的体现，是至善的，具体内涵是"仁、义、礼、智、

河南伊川二程祠庙

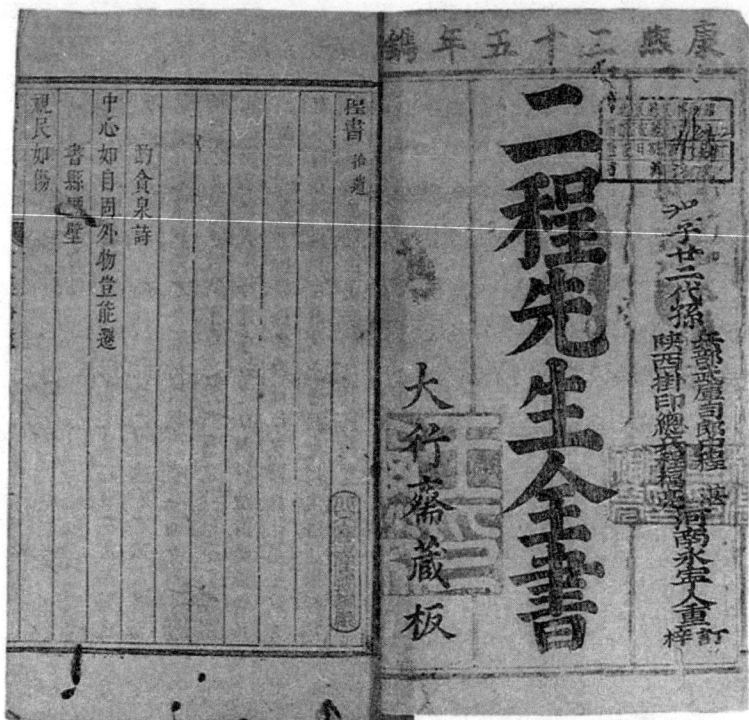

《二程先生全书》

程颢、程颐像

信"五种道德品性；"气质之性"是人在气化过程中禀受的一些恶的品质。"气质之性"是恶的来源，二程认为人通过道德修养，可以变化气质，弃恶从善。他们还从人性论引出理欲观，肯定了正常的生理需求欲望的合理性，反对不合规矩、没有节度的欲望，二程称这种欲望为"人欲"，"人欲"膨胀就会违背"天理"，所以要"存天理，灭人欲"。

此外，二程还提出格物致知论，给人提供了道德修养之外的另一条成圣途径。格物致知思想源于《大学》，二程训"格"为"穷"，训"物"为事，"格物"就是穷究人物之理，以达到"明善"的目的，格物是为了明善，是为了致圣，其中又包含了道德修养的内容。

二程兄弟的思想基本一致，但仍表现出不同倾向。程颢重视人的主观精神的作用，提出"心即理"，强调尽心、知性以知天的认识方法，反对向外求索，表现出心学的思想倾向，启发了陆王心学；程颐则表现出理学的思想倾向，他提出"理一分殊"说，强调观察物理以察己的认识方法，重视知识的积累过程，这些思想都被朱熹继承和发展，成为朱子学的思想材料。

二程思想的不同倾向，导致了后来"洛学"的分化，也为南宋"理学"和"心学"两个独立学派的形成提供了思想因素。

二程的主要哲学著作有《二程全集》，程颢的《识仁篇》、《答横渠先生书》，程颐的《周易程氏传》、《遗书》、《文集》、《经说》等。

宋神宗强兵

宋神宗赵顼登上帝位后，开始了旨在富国强兵、摆脱贫弱困境的军事变法运动。

宋神宗进行的军事改革包括：一、裁并禁兵。将原来需满61岁始退为民的服役年限提前10年，以裁汰老弱士兵。另外，按照骑兵300人、步兵400人为一营的编制，整编禁兵。二、设军器监。专门负责管理兵器制造，废除原先的三司胄案，使兵器制造得以大大改善。三、将兵法。将原来不同番号的禁兵混合组编成将的编制，将下设部，部下辖队。各将所辖兵力，从3000人到1万人不等。四、保甲法。以5户1保，25户1大保，250户1都保，分设保长、大保长、都保正和副保正，每户两丁以上，一人选充保丁，对保丁实行"上番"制度。五、保马法。河北、河东、陕西及开封府保甲养马，每户一匹，富裕户两匹，养马户可减免部分赋税。

宋神宗的军事改革措施，取得了一定成效，初步摆脱了以文制武的旧指挥体制，改变了宋军的编制体制，出现了系将禁兵与不系将禁兵的区别，使宋军的战斗力有了某种程度的提高。但是，宋神宗的军事改革收效甚微，宋朝仍然没有摆脱积弱的困境。如将兵法虽广泛推行，但由于所用将官大多是庸常之才，对军事训练并未认真付诸实行。保甲法不仅没能替代招募而来的正统军，反而给保丁们带来了沉重灾难，既影响了农业生产，又使保丁受到有关官吏的大肆勒索。

北宋用武士作守护神像，较常人更具威逼力量。

王安石倡新学

北宋时期杰出政治家、哲学家王安石 (1021~1086) 吸收老子、商鞅、韩非子等道家、法家思想，创立了具有朴素唯物主义思想的儒家学派，史称"荆公新学"，在中国学术思想史上占有一席之地。

王安石，字介甫，号半山，江西临川（今江西抚州）人，世称临川先生、荆公。庆历二年 (1042) 他中进士第四名及第，历任签书淮南判官、鄞县知县、舒州通判、提点江东刑狱、参知政事及宰相，长期的官吏生涯，使他对北宋的社会弊病有较深的了解，产生了变法思想，嘉祐八年 (1063)，王安石回江宁为母亲奔丧，得以有空闲潜心钻研历代儒家经典，开始收学徒扩大影响，受业在他门下的有许多著名学者，如陆佃、蔡卞、龚原、王雱等人，逐渐形成一个学派，人称"荆公新学"，它一开始就受到刚产生的理学派的攻击。熙宁变法期间，他历行变法，设置"经义局"，编撰《三经新义》和《字说》，完全改变汉唐以来章句注疏的风气，对《诗》、《书》、《周礼》三经作了全新的诠释，并在科举考试时采用经义和策论选拔人才。《三经新义》于熙宁八年 (1075) 颁布于学官，成为"荆公新学"的代表作和当时士子必读的教科书。

王安石有天命不足畏、祖宗不足法、流俗不足恤的思想，他指出灾异或祥瑞乃是自然界的反常现象，"天"没有意志，没有感情，因而也不能对人的善恶行为作出相应的反应。他强调天人的区别，为人的活动争取主动地位。王安石还通过解释《洪范》提出水、火、木、金、土五行是构成万物的五种物质元素，五行的变化推动了天地万物的变化，万物变化的根据在于"元气"内部存在着阴阳，阴阳既相矛盾又相配合，二者的对立统一是宇宙发展的客观规律。王安石对宇宙生成和变化的描述排斥了任何神秘的观念，用物质元素来解释客观世界具有唯物论和辩证的思想。王安石反对天人感应说，也反对不顾客观规律行事的观点，他主张人的活动要"顺天而效之"，即以对天道的认识为基础，认识必须在观察天地、山川、草木、虫鱼、鸟兽的活动中才能得到，因而他认为人的知识是在后天经验和学习中形成的。王安石对认识的这种理解，具有明显的唯物主义反映论倾向。

王安石的"新学"表现出鲜明的经世致用性质，他从"天道尚变"，人应遵从天道的观点，引伸出"天下事物之变，相代乎吾之前"，"必度其变"，对法度政令也应时有损益的思想。王安石的变法思想成为对宋代现实政治、经济生活影响最大的思想体系之一。

王安石倡导的"新学"，盛行了六十年左右，南宋以后逐渐衰落，它对结束汉儒章句训诂起了重要作用，对后世思想的发展有较大的积极影响。

北宋文人画崛起

北宋熙宁、元丰年间，一些诗人、文学家、书法家、艺术评论家，亲自投入到艺术创作中去，他们一般不倚其为衣食之资，可以不受画坛风气的束缚，多能按照自己的意愿创作，形成了一个有别于画工——职业画家创作风格的文人画家群。他们在理论上和创作风格上强调画家的品格和文化修养，在艺术上标新立异，不为形囿，不拘法度，把政治失意所产生的精神压抑渲泄在笔墨之间，表现画外之意，在描绘形象世界的同时，展现出文人士大夫疏放不羁的精神世界。从事文人画创作的艺术家一般都具有良好的艺术修养，能将诗、书、画融为一体，构成文人画独特的艺术语言。因此，北宋文人画不象某些专业画家那样过于熟练、程式化而显得比较自然质朴，作品较重构思、重意境。他们在创作上着意与专业画家分道扬镳，取于无所师承，不求形式，以诗词为意境，以书法为笔趣，放手作画，直抒胸臆，在简淡天真和笔墨神韵之中获取艺术享受。

文人士大夫吟诗作画蔚然成风。他们在画幅上题字咏诗渐次增多，开辟了书画题跋的新天地，其书法艺术引入绘画表现形式丰富和提高了绘画艺术

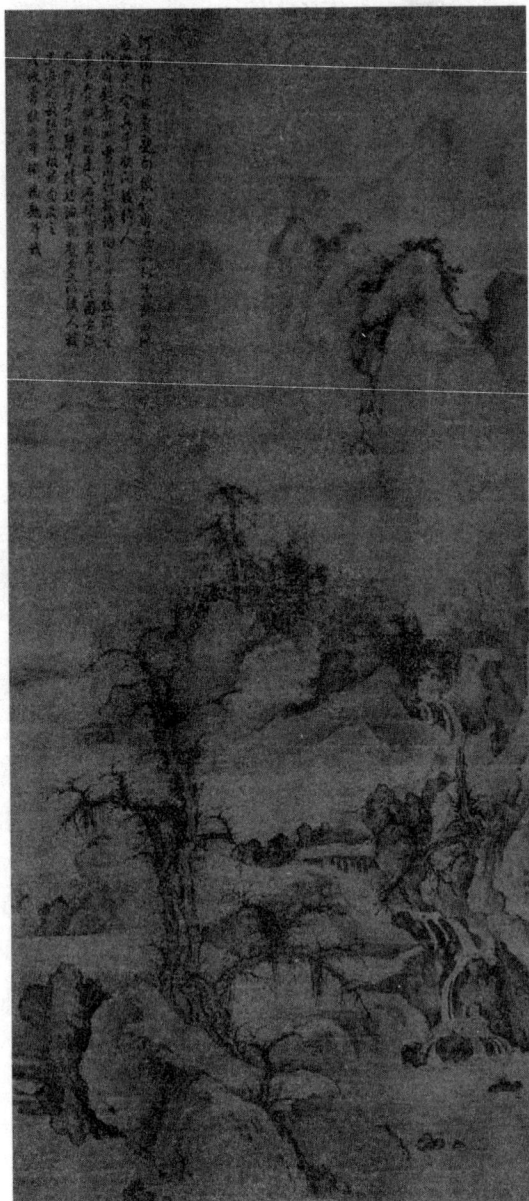

《雪山访本图》，郭熙画。

的表现手段。

　　北宋时期涌现出许多风格奇异的文人画，如仲仁、扬无咎的墨梅、文同的竹、苏轼的古木怪石、李公麟的鞍马、米芾、米友仁父子的云山等等，都成为后世文人画家追随学习的典范。文人士大夫的绘画和绘画理论影响到辽金地区，成为元明文人画发展的前导。

《渔父图》，许道宁画。

罗汉像广泛出现

　　两宋之际禅宗代兴,佛寺禅堂除供设佛像外,罗汉像也是盛行的造像题材,像轨依不同佛典而有十六罗汉、十八罗汉、五百罗汉等名目。一时,禅宗罗汉像广泛出现,他们和十二圆党菩萨(依《圆党经》而雕造)一起,形成常见而独具特色的禅堂像制。

　　禅宗罗汉像的塑造,充分展示出宋代高度的写实技巧和把握人物性格特征的能力。如山西晋城青莲寺(上寺)东配殿十六罗汉,高各1.4米,年龄相像各不相同,造型自然生动,衣纹服饰简洁洗练;1079年塑造的长子县崇庆寺十八罗汉,情态生趣各具,形象写实;雕塑于北宋嘉祐年间(1056~1063)的山东长清灵岩寺千佛殿内罗汉群像,形象姿态,神情性格无一类同,或静坐禅观,或游戏谈论,举手投足之间颇见人物性情,真乃巧夺天工。江苏保圣寺十八罗汉塑壁,过去地方志多误传为唐代名家杨惠之塑迹,现据造像风格、塑壁结构、山峦样式、容相服饰等多方面考察,确定为是北宋中叶的制作,经明代重装。这是一幅置罗汉于山水丘壑之间的气势壮阔之作。它独特的构图和表现形式,为国内唯一现存的遗物。

　　两宋之际五百罗汉塑像十分普遍,见于文献记载的规模较大的就有十几处,如宋雍熙元年(984)浙江天台山寿昌寺五百罗汉;咸平四年(1001)开封大相国寺铜铸五百罗汉;大中祥符元年(1008)河南辉县白矛寺造五百罗汉,可惜上述在文献中所记的五百罗汉像大都毁失,仅广东南华寺雕于庆历5~7年间(1045~1047)的木雕五百罗汉大部分保存下来,尚可从中窥见两宋五百罗汉像制的规模与图样。

　　宋代禅宗分宗别派,云门、临济并盛于南北,禅林祖堂雕铸禅宗六祖真容,历代相沿。广东六榕寺六祖慧能铜像,真实地塑造出高年老僧相貌特征,堪称写真佳作;四川合川瀍滩二佛寺有南宋时塑造的禅宗祖师像,人物形象略见夸张，姿势有坐有立，有散有聚，带有较明显的四川地区石窟造像的风格特征。以真人塑像代罗汉位置，宗教气氛大大减弱，是禅宗罗汉像雕塑趋向世俗现实生活的表征。显示出时代的精神追求。

山东泰山灵岩寺罗汉群像

王霸义利之辩展开

　　王霸义利是我国古代长期争论不休的一个问题，北宋时期，王霸义利之辩展开，程颢与李觏、王安石以及司马光分别发表了不同看法。

　　程颢进一步阐发了孟子的王霸义利之说，而且把王道与"天理"，霸道与"私心"联系起来，说明二者道不同。他在《论王霸札子》中说："得天理之正，极人伦之至者，尧舜之道也；用其私心，倚仁义之偏者，霸者之事也。……二者其道不同，在审其初而已……"

　　李觏不同意孟子尊王抑霸的王霸观，他认为王霸只是名号的不同，在施政本质上没有什么区别。王道是安天下，霸道是尊京师，而为政之道是一样的。他说："皇帝王霸者，其人之号，非其道之目也。……道有淬有驳，其人之号不可以易之也。……所谓王道，则有之矣，安天下也。所谓霸道，则有之矣，尊京师也。非淬与驳之谓也。"他认为，三代与汉唐都是行王道，只不过是"三代王而淬，汉唐王而驳者也。"而且三代也并非纯用仁义。李觏也不同意孟子贵义贱利的义利观，他认为义和利是统一的，没有利就无所谓仁义，不言利而空言仁义，会害民、害国。当然，"言利"要合乎"礼"，他的这些观点表现在其《原文》以及《富国策第一》中。李觏的王霸义利观是为富国强兵的政治改革服务的。

　　王安石的王霸观与孟子相近，而其义利观则大异于孟子，而略同于李觏。王安石在其杂著《王霸》中认为，王霸所用虽同为仁义礼信，但其心不同，正因为心异，所以才有事异、功异：王者之心为仁义，"霸者之心为利，而假王者之道以示其所欲"。在义利方面，王安石认为，利与义是统一的，理财就是义，义与利是互相唱和的，义本来就是为利的，他曾说："政事所以理财，理财乃所谓义也。""利者义之和，义因所为利也。"在王安石看来，"利"有两层含义，其一为私人之利，其二为公众之利。其义利观也是为其推行新法服务的。

司马光在王霸观上"疑孟"，而其义利观则与孔孟一致。司马光也认为王道与霸道名号不同，而其道则是相同的，只是在得道的程度上有所区别罢了，他在《迂书·道同》中说："道岂有二哉！得之有深浅，成功有大小耳。"在《疑孟》中他又说："皇帝王霸皆用之，顾其所以殊者，大小、高下、远近、多寡之间耳。"在义利观上，司马光与李觏、王安石的看法大不相同，他恪守孔孟的义利观，这是为其反对新法服务的。他在《与王介甫书》中说："樊须请学稼，孔子犹鄙之，以为不知礼义，况讲商贾之末利乎？"还批评了王安石的新政措施，认为不合"孟子之志"。

贾宪创形三角法

贾宪是北宋著名数学家、天文学家楚衍的弟子，生活于十一世纪中叶。他撰写了《黄帝九章算法细草》(九卷)、《算法敩古集》(二卷)，均已失传。所幸杨辉著作征引其中一部分，得以为后人所知。

贾宪在数学领域有两大成就：增乘开方法和三角即开方作法本源。前者是把刘益的正负开方术推广到一般高次方程的重要一步，后者既证明了增乘开方的正确性，又成为后世众多数学成就的源头。杨辉的《详解九章算法纂类》中记录四则术文"贾宪立成释锁平方法"，"增乘开平方法"，"贾宪立成释锁立方法"，"增乘(开立)方法"。

贾宪三角是指一个指数为正整数的二项式定理系数表。其算法为"左褒乃积数，右褒乃隅算，中藏者毕廉，以廉乘商方，命实而除之。"贾宪三角的结构具体解释为：它的每一行中的数学依次表示二项式 $(a+b)^n$($n=0,1,2,\cdots$)展开式的各行系数。最外左、右斜线上的数字，分别是各次开方中积(a^n)和隅算(b^n)的系数，中间的数字"2"、"3、3"、"4、6、4"等分别是各次开方中的廉(积、隅、廉皆来自古代开方术的几何解释。以开平方为例，初商 a 的平方，在图形中是一个大正方形，称为"积"，次商 b 的平方在图形中是占据一角的小正方式，称为"隅"，而 2ab 位于图形两侧边，故称为廉)。贾宪创设"增乘方求廉法"即"列所开方数，以隅算一，自下增八前位至首位而止。复以隅算如前升增，递低一位求之。"如给定一个正数 N 开立方，相当于求解三次方程：$X^3=N$。列表为：

D	N	$N-C^3$	$N-C^3$	$N-C^3$
C	0	C^2	$3C^2$	$3C^2$
B	0	C	$2C$	$3C$
A	1	1	1	1
	(1)	(2)	(3)	(4)

在这个基础上，贾宪给出了他的"开方作法本源"，即二项式系数表，并且明确地提出构造它的方法，相当于组合学中的公式：

$$\binom{n}{k}+\binom{n}{k+1}=\binom{n+1}{k+1}$$

贾宪三角为：

```
              1
            1   1
          1   2   1
        1   3   3   1
      1   4   6   4   1
    1   5  10  10   5   1
  1   6  15  20  15   6   1
1   7  21  35  35  21   7   1
```

贾宪开创高次方程数值解法新途径。这一三角形系数阵在300年后才为西方学者所认识。

宋恢复武举

宋天圣七年 (1029) 设置武举考试，皇祐元年 (1049) 废罢。至嘉祐八年 (1063)，枢密院官僚上书朝廷，认为文武官吏，缺一不可，与其任用一些不学无术的人为武将，不如任用那些饱读兵书、颇知阵法的人为将官。治平元年 (1064) 九月，宋英宗命令翰林学士、知制诰等官吏讨论恢复武举考试的具体方案。而制官们认为武举应同科举考试同时进行，允许中央高级官僚、地方行政长官和高级将领推荐人才参加武举考试。宋英宗采纳了这些建议。同时下诏规定，每次武举考试前由兵部统计参加考试人数及举子其他方面的情况。次年三月，由文臣二员和兵部长官考试时务第一道，由马军司考试射箭、骑马和武艺，这是初试。初试合格者再由皇帝委派的官员和兵部长官在秘阁组织第二次考试，也是考试时务第一道，同时派一些文臣和高级将领主持武艺考试，合格者授予武将官职。这就恢复了武举制度。

中国古代的"十八般兵器"

弓箭社出现

　　宋朝政府一贯奉行守内虚外的政策，因而导致边患不绝，战争频繁。为防御少数民族的入侵，广大农民不得不团结为社，教习武术，御敌奋战。弓箭社作为保家御敌的民间组织出现在历史的舞台上。熙宁三年(1070)十二月，知定州(今河北定州)滕甫言："河北州县近山谷处，民间各有弓箭社及猎射人，习惯便利，与夷人无异"。元祐八年(1093)十一月，知定州苏轼称："今河朔西路被边州军，自澶渊讲和以来，百姓相自为团结为弓箭社。不论家业高下，户出一人。又自相推择家资武艺众所服者，为社头、社副、录事，谓之头目。带弓而锄，佩剑而樵，出入山坂，饮食长技与北虏同……"当时仅定、保两州，安肃、广信、顺安浑和边面七县一寨内，组织弓箭社的就有588村，651伙，共31411人。可见当时弓箭社确实是一种保家御敌的民间结社组织。

　　弓箭社无论训练还是临阵，都以军事武术为主。社中每人都置有一张弓、30支箭和一口刀。各社都选择一段空闲平地作为演习弓箭的场所，每逢3、6、9日集中习射。当时习射法有两种：一是近射法：用3尺长的小棍放在离射手40步内的地方，要求矢矢中棍，箭无虚发。另一种是攒射法：放置3个稻草人靶，颜色都不相同，由一个人统一用红旗指示射靶。由此可见弓箭社的阅习武术极少运用花刀、花枪、花棍、滚钗等，而是重视实战所需的军事武术。

　　弓箭社在外虏入侵、国家动荡不安时期出现，有力地抵抗了外虏的侵略，表现了宋代民间百姓保家卫国的民族精神。

工尺谱发展

宋代的音乐理论具有多方面的发展与建树，宋代音乐方面的重要学者有沈括、朱长文、陈旸、张炎、蔡元定等。

沈括在其以学科博洽著称的《梦溪笔谈》中，广泛地论述了律吕、旋宫、律数、音乐类别、工尺谱、燕乐音韵、燕乐二十八调的结构、杀声以及中音为至和至美，泛声之合乎自然等等。其中，影响甚为广泛的是乐分三类的说法——"先王之乐为雅乐，前世新声为清乐，合胡部者为宴乐。"具有重要意义的是关于工尺谱和二十八调的记载。

词人张炎的专著《词源》在音乐基础知识、乐谱学和词乐作曲技艺方面做出了重要的贡献。《词源》中最有历史价值的部分是：词的谱曲方法、古今谱字对照、管色应指字谱、指明七宫十二调为实际宫调应用范围等。

在综合性系统性的大型音乐论著方面，音乐理论家陈旸做出重要贡献，他撰著的《乐书》是一部空前的近于音乐百科全书性质的著作，书中后105卷包含了律吕宫调、工尺谱字、乐器、乐舞、杂乐、百戏等附图五百幅以上，很多来源于唐宋乐书，甚为珍贵。

沈括、张炎和陈旸的理论著作中都提到工尺谱字的记载，到宋代止，我国已存在一个庞大繁复的工尺谱体系，依年代顺序主要有：

北宋沈括《梦溪笔谈》中的燕乐十五声工尺谱字；

北宋陈旸《乐书》中的筚篥谱字；

南宋朱熹《琴律说》中的"俗乐之谱"；

南宋蔡元定《燕乐》中的工尺谱字；

南宋姜白石歌曲旁谱；

南宋张炎《词源》中的管色应指字谱；

南宋陈元靓《事林广记》中的管色指法谱。

它们上和敦煌千佛洞后唐长兴四年 (933) 卷子谱的燕乐半字谱相接，下和今日仍在传承的西安鼓乐谱、山西五台山寺庙乐谱、北京智化寺京音乐乐谱、福建南管乐谱等等相通，其中和明清以来通用工尺谱最为相近者，宋代乐谱记载流传至今，具有特殊历史文献价值。

王安石兴学

范仲淹庆历兴学虽然失败了，但太学依旧由孙复、胡瑗这些赞同教育改革的学者主持，教学活跃且有相当规模，地方上保留了许多州县学校，一些开明的地方官不时地创办新的学校，下层庶族地主子弟读书仕进的热情依然很高，这都为熙宁年间的王安石兴学准备了有利的社会条件。

王安石是北宋著名的政治家。在熙宁兴学前，他做了大量的实地调查，热心创办学校，并进行了教育改革的理论探索。他认为学校教育的目的在于讲明道德和性、命原理，仅仅学习知识而不去实践就失去了学习的本旨，把圣人之道和实际运用联系起来，才是学习的最终归宿，王安石还贬斥浮华荡肆的学风。

嘉祐三年 (1058)，为进行教育改革，王安石作《上仁宗皇帝言事书》（简称《万言书》），系统地阐述了自己的教育改革理论，他看到教育在社会变革中的促进作用和当时学校中教师有其名无其实，教材空疏无用的弊端，为改变现状，必须进行教育改革。

熙宁二年 (1069)，宋神宗下诏改革科举制度。主要措施有：一、改革太学体制，扩其规模、实行三舍法。所谓三舍，即把太学分为三个不同级别的"舍"，太学生按学业程度循序渐进，三舍学完之后，优秀者可直接委以官职。二、改革人才选拔制度。就是除了科举这一选拔人才方式之外，在太学中也立舍，通过太学也可以得到官位，这就打破了科举的"垄断"地位，强化了学校的职能，和范仲淹庆历兴学是有其内在的一致性的。三、颁布《三经新义》。

王安石像

熙宁六年 (1073) 设经义局，专门编写《诗》、《书》、《周礼》三经义，王安石亲手写了《周礼新义》。《三经新义》成为官方考试、讲经所依据的标准教材，改变了考试时经说纷异的局面。它的编写，进一步控制了学生的思想，统一了士论。四、创建整顿国子监、地方学校及各种专科学校。王安石从太学分取解额 40 人，允许要官亲戚入读，这样，国子监略具教养之实。王安石还非常重视专科教育，恢复武学，改进武举考试制度，又设置了律学、医学，培养了大批专业技术人员。

王安石的熙宁兴学，在地方官学上也有举措，首先为地方学校拨充学田，解决了北宋长期学费不济的问题，还在地方设置学官，加强对地方教育的控制，尤其是地方学官的选任都是赞同变法的学者，学官直接由中央任免，这样就有效地控制了州县教育和士论。

王安石的熙宁兴学，有力地推动了北宋教育事业的发展。从中央到地方建立了一套相对完整配套的教育网络，在思想上敢于破旧立新，提倡经学实用的风气更是被后人称做楷模。但兴学也有许多弊端，如太学中法规过于细密，不利于学术交流；以一部《三经新义》垄断天下，排斥诸家之言，也有害于文化的全面发展；甚至屡兴太学疑狱，迫害持异论的文人。这些本非王安石的本意，但客观上极大地削弱了兴学的积极影响，为后来蔡京的文化专制主义的推行埋下了祸根。

元丰八年 (1085)，宋神宗去世，宣仁太后执政，排斥新党人物，次年废除兴学举措，王安石的熙宁兴学失败了。

宋裁减僧侣

宋嘉祐年间 (1056~1062)，馆阁校理、判祠部张洞上书宋仁宗，认为当时全国户口日益增加，老百姓出家当和尚、尼姑者也日渐增多，至宋仁宗至和元年 (1054)，朝廷又颁布命令，增加剃度僧尼的比例，原来每路三百名僧尼才能剃度一名，至和元年却规定每一百名僧尼即可剃度一名；加之官员的功德坟寺逐年增加，因而僧尼越来越多。因而他建议一方面减少文武官僚的功德寺，有些功德完全可以按照自古以来的惯例由国家派遣一些农户去看守坟墓，三十余万僧尼，应该予以裁减。宋仁宗采纳了张洞的建议，下令裁减全国僧侣的三分之一。这是宋代裁减僧侣规模最大的一次。

宋整顿江西盐法

嘉祐七年 (1062) 屯田员外郎蔡挺被任命为提点江南西路刑狱，负责改革江西盐法。蔡挺上任伊始，即令当地老百姓交出全部武器，并规定：凡是盐贩所贩盐不足二十斤，贩夫不到五人，而又没带武器者，官府不予追捕，只勒令他们交税。蔡挺将淮南地区官府的运盐船队分成十二纲，每纲二十五只船。直接将盐运到目的地才能将盐卸下。

如果纲船所载超过官府所规定押运的数量，多者由官府平价购买，从而使食盐质量有所提高；蔡挺还下令降低官盐价格。经过蔡挺的整顿，江西地区每年卖盐比原来增加 300 万斤。

李公麟白描

　　李公麟作画大胆地摒弃色彩，专用白描，形成独立的、具有高度概括性和表现力的艺术形式，创造出崭新的白描手法。

　　李公麟（10491～1106），字伯时，舒城（今属安徽）人。宋熙宁三年（1070）进士及第，一生官运不甚得意，然而在绘画艺术上成就甚高，与王安石、苏轼等人均有书画之交。他襟怀超脱，文章不失建安风格，书法不乏晋人韵味，能诗善画，尤善于鉴辨故器物，是一位修养高深而又多才多艺的艺术家。

　　李公麟绘画，与其他文人画家仅能画山水、花卉有所不同，道释、人物、

《五马图》之一，李公麟画。

《莲社图》，李公麟画。

鞍马、宫室、山水、花鸟等无所不能，绘画题材颇为广阔。他初学顾恺之、吴道子；进而又师法晋隋唐宋诸家，博采众长而不蹈袭前人，逐渐形成自己的风格。李公麟创作一般用水墨画在纸上，闲雅文秀，白描上极具功力，常以单纯洗练、朴素自然的线条来表现物象的形貌神态。传世真迹有两件，即《临韦偃牧放图》和《五马图》。

《临韦偃牧放图》是李公麟根据唐代韦偃的《牧放图》临摹的，但仅仿佛其意而已，整幅画的技巧娴熟，线条流畅而无滞碍，如一气呵成，作品中倾注着他的再创造。该图描写的是皇家御马苑中所养的骏马，一望无际的荒漠原野，随着山川地势的变化，骏马或聚或散，或密或疏，或远或近，安排得严谨而自然。现存卷中总计有马1286匹，牧人134名，场面浩大，气势雄伟。

《五马图》是纸本水墨画，用线描表现宋哲宗时天驷监中的五匹名马，依次是凤头骢、锦膊骢、好头赤、照夜白、满川花，各有牵马的马官。五匹马或立或行，腹、背、臀、胸都用单线白描，仅口鼻、目、蹄略用墨染。其中前四马自鬃后至足肘都是一笔书成，行笔劲细而略有轻重变化。马尾用淡墨虬曲的细线，丝丝不乱。中国古画中不乏画马名作，若就用笔简洁文秀而不失骏马神韵而言，当以《五马图》为最。

李公麟的白描手法，成为可与重彩和水墨淋漓的画法相抗衡的传统绘画样式之一，为丰富中国画的表现技法作出了重大贡献。南宋贾师古、元代赵孟頫、明代丁云鹏等名家画人画马，无不祖述李公麟。

右文说出现

宋代在汉字结构理论上对文字学最大的贡献之一，是"右文说"的提出。

早在汉代就有用同音同义字来解释字义的"声训"。到了宋代，王圣美正式提出了形声字的声旁具有表义功能的理论——右文说。

王圣美，名子韶，太原人，他精通文字学，曾和宋神宗讨论过文字问题，为资善堂修定《说文》官，他著有《字解》20卷，未传世。沈括《梦溪笔谈》卷十四记载了王圣美"右文说"的要点，即："王圣美治字学，演其义为右文。古之字书皆从左文。凡字，其类在左，其义在右，如木类，其左皆从木。所谓右文者，如戋，小也。水之小者曰浅，金之小者曰钱，歹之小者曰残，贝之小者曰贱。如此之类皆以戋为义也。"

形声字的声旁大多在字的右半部，王圣美的右文说要点认为凡形声字的声旁都有表义功能，凡同声旁的形声字都同义，是相对于所谓"左文"即指形声字的义大多在左半部的形旁而讲的。而所谓形声字的声旁表义，实际是指声旁能表示形声字的源义素；同声旁的形声字同义，则是指同声旁的形声字包含有相同的义素。他所举的"戋"、"浅"、"钱"、"残"、"贱"的例子，就表明戋的小义是同声旁的浅、钱、残、贱各义位中所包含的一个相同的基本构成成分——义素。这种现象也表明在汉字的实际情况中，右文说确实是客观存在的，但是，这种现象是局部性的，有些声旁就没有表义的功能，有些同声旁的形声字也不包含相同的源义素。王圣美发现了"右文说"这个反映部分形声字结构功能的重要规律，但他把只存在于局部的现象概括为一般性的规律，犯了以偏概全的错误，是"右文说"除局部合理外的严重缺陷。

同时期的王安石也持有同样的看法。他著的《字说》，认为凡字声都有义。

"右文说"从形声字的声符与字义的关系着眼，通过同声旁字族来研究汉字，揭示汉字孳乳的某些特征，为古代语言文字的研究指示了新途径，直接引导了清代以来的"音近义通"说。

米芾画烟雨

米芾善画梅、松、兰、菊，立意新颖，形成独具特色的江南"烟雨画"。

米芾（1051～1107），字元章，祖籍太原，后迁至襄阳，曾长期居于润州（今江苏镇江），因自号襄阳漫士，海岳外史。徽宗时，官至书画学博士、礼部员外郎，人称"米南宫"。他的儿子米友仁也善于书。

米芾性情旷达、耿介不阿，有洁癖，酷爱怪石，才高艺广，能诗善书。他特别喜爱画水，史载他"画山水人物，自名一家，尤工临移，至乱真不可辨"（《宋史》卷444米芾传）。他又富收藏，精于赏鉴，艺术上颇有造诣，传说他"多游江湖间，每卜居每择山明水秀处，其初本不能作画，后以日所见日以模仿之，遂得天趣"（赵希鹄《洞天清禄集》）。

米芾特别推崇五代董源的画风，主张"平淡天真"，反对"俗艳"。晚年居江南，有感于长江两岸"云气涨漫，岗岭出没，林树隐现"的烟雨之景，创造出泼墨点染的山水烟雨画。他的画取材于枯木竹石花卉，时出新意。画山水，信笔为之，多是烟云掩映的水墨云山。他将书法中的点画用笔融于绘画，并以大笔触的水墨表现自然山川的烟云风雨变化，后人称之为"米点山水"。

米芾还是北宋著名的书画鉴定家和理论家。所著《画史》一书是中国早期的绘画鉴评著作之一。书举其生平所见的名画，评论优劣，鉴别真伪，考订谬误，标出特点，载记装裱、收藏及有关逸事等。

米芾的绘画真迹均已失传。但他用水墨描绘烟云掩映山水的画法却是后代文人画中很常见的一体。画梅、兰、松、菊和画墨竹一样，也成为以后文人画的重要题材。

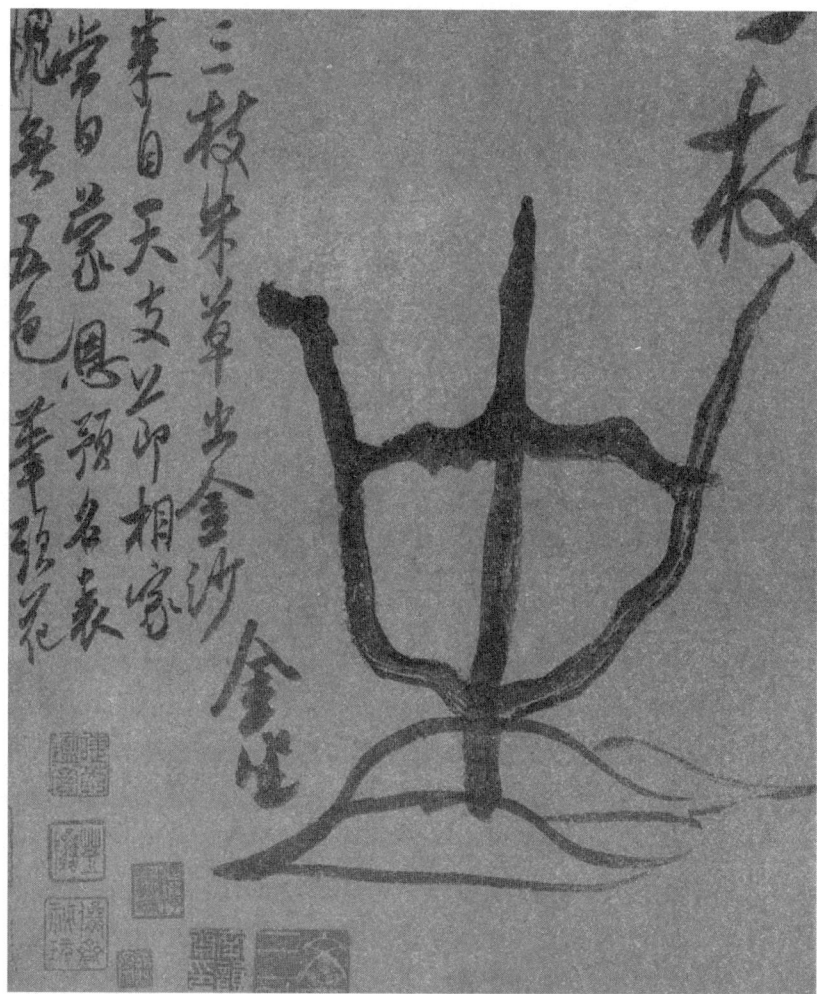

《珊瑚笔架图》，米芾画。

王诜学李成而自成一派

王诜（1048~1104 以后），字晋卿，祖籍太原，后迁居开封。他是宋神宗赵顼的驸马都尉，官至定州观察使。王诜出身贵族家庭，他爱好诗文书画，喜欢结交诗人画家。他家里有个西园，苏轼、黄庭坚、米芾、秦观、李公麟等名家常在此吟诗作画，谈禅论道。他还富于收藏，精于鉴赏，常以古人所画山水置几案间，具有浓厚的艺术修养。

王诜擅长山水画，青绿着色师承李思训，笔墨技法主要学习李成，他还学过文同的墨竹。他善于溶水墨与青绿为一体，以重笔勾染，意境幽静深秀，画风秀润清丽，自成一派。据说他善画烟江远壑，柳溪渔浦，晴岚绝涧，寒林幽谷，桃溪苇村等词人墨卿难状之景，显示出独特的艺术品味。

王诜的传世名作有二，一是《渔村小雪图卷》（绢本水墨设色，纵 44.4 厘米、横 219.7 厘米，故宫博物院藏）。这幅画富有情致地画出了水滨雪后初晴的风光，展卷处山势巉绝，覆盖着薄雪，渔夫在冒寒张网捕鱼，而文人雅士则兴致勃勃地观赏雪景，岩石间生长着寒林老树，画卷后段则画出辽阔平远的江水，与前段山峦高远幽深形成强烈的对比。这幅画皴山画树的手法，还是来自李成，运用微妙的水墨皴染，又间以涂施白粉，成功地表现出雪后郊野渔村浑茫的气象。山林间勾以泥金，加强了阳光浮动的刻划，手法颇为别致。另一传世名作《烟江叠嶂图卷》（上海博物馆藏）以青绿设色，间以水墨渍染，米芾所记的"王诜学李成皴法、以金绿为之"（《画史》）就是指这种体貌。

《烟江叠嶂图卷》，王诜画。

《渔村小雪图卷》，王诜画。

宋辽金夏

1071A.D. 宋熙宁四年　辽咸雍七年　夏天赐礼盛国庆二年

二月，宋改贡举法，罢进士试诗赋及明经诸科，以经义、策论试进士。

1072A.D. 宋熙宁五年　辽咸雍八年　夏天赐礼盛国庆三年

五月，宋行保马法。

1074A.D. 宋熙宁七年　辽咸雍十年　夏天赐礼盛国庆五年

王安石罢相。

六月，宋以沈括提举司天监，制浑仪、浮漏成。

1075A.D. 宋熙宁八年　辽大康元年　夏大安元年

王安石复相。宋行户写法于河北。

六月，宋颁王安石三经新义，令应试者必宗其说。沈括制立体地图。

1076A.D. 宋熙宁九年　辽大康二年　夏大安二年

十月王安石复罢相。

十二月，宋兵拔广源州，继败交趾兵于富良江，李乾德请降。是役，宋兵战及疫亡者二万千余人。

1078A.D. 宋元丰元年　辽大康四年　夏大安四年

五月，宋塞澶州曹村决河成。新堤长一百十四里，凡用工百九十余万，材千二百八十九万。

1080A.D. 宋元丰三年　辽大康六年　夏大安六年

苏轼贬黄州，自号东坡。

1071A.D.

拜占廷帝国罗马勒斯在梵湖（在亚美尼亚）北之曼西克尔特与塞尔柱人大战，由于内部之叛离而失败，被俘，但仍由塞尔柱人送还。

1073A.D.

塞尔柱土耳其阿尔斯兰卒，其子马利克沙继位。

1076A.D.

塞尔柱土耳其人自法帝玛系哈里发之统治下夺获叙利亚及耶路撒冷。

神圣罗马帝国亨利以日耳曼僧侣之敦促，召开宗教会议于佛姆斯，议决废黜教皇格累戈里七世。教皇则于罗马召开宗教会议废黜皇帝亨利四世，长达四十余年之策封权斗争由此开始。

1077A.D.

神圣罗马帝国亨利四世为日耳曼封建诸侯所迫，于一月二十一日到达意大利北部教皇临时驻锡之卡诺萨堡，科头跣足，露立庭前三日，始获得教皇赦罪。

宋改革科举制度

熙宁四年 (1071) 二月，中书制定了改革科举制度方案，并经宋神宗批准实行。其具体内容是：废除明经及诸科考试，将原来明经等科录取的名额合并到进士科去。下次科举考试即按此法执行，不许明经及诸科新生考试，必须使他们逐渐改为进士科。先在京东、陕西、河北、河东、京西五路增设教官，使举子逐渐适应进士科考试。参加进士科考试的举子废除原来的诗赋、贴经、墨义等科目，由举子任选《诗》、《书》、《周礼》、《礼记》中的一经为"本经"，并兼以《论语》、《孟子》为辅助教材，谓之"兼经"。进士考试共分四场：第一场考"本经"；第二场考"兼经"，另考大义十道；第三场考"论"一道；第四场考时务三道。

这次科举改革还规定：以前学习明经等科的举子可另外设场考试，放宽录取尺度，但从今以后不许举子学习明经等科目。举子通过礼部的考试后，殿试只考"策"一道，殿试文章至少在一千字以上。考中进士的举子分五等，第一、二等赐进士及第，第三等赐进士出身，第四等同进士出身，第五等为同学究出身。

熙宁四年五月，又有所改革，实施新科明法制度。新科明法主要考试律令、刑统、大义、断案四项，是针对诸科考试合格、但未能考中进士的举子而设立。熙宁七年 (1074) 五月，宋神宗下诏废除科举。

中华文明

帝国书生气

宋官头像

王韶上《平戎策》

王韶 (1030~1081)，宋江州德安人 (今属江西) 人，字子纯，嘉祐进士。熙宁四年 (1071) 八月，宋神宗任命王韶主持洮河安抚司事。王韶将《平戎策》三篇上呈给朝廷，阐述了他对宋夏战争的看法。王韶认为宋朝完全有可能攻占西夏，但要攻破西夏，首先必须收复河湟之地。这样，西夏将腹背受敌，况且西夏一直想攻占青唐 (今青海西宁) 等地，但没有成功，假如西夏抢先攻

宋代的攻守城器械复原模型，由此可见宋代战争的残酷。

占了河湟地区，那么就解除后顾之忧，就可以全力向宋朝发动进攻了。加上河湟地区土地肥沃，西夏一旦收复这一地区，其力量将日益壮大。因此，宋朝应抢先攻占河湟之地。

宋神宗认为王韶的《平戎策》很有见地，委他具体负责收复河湟地区的事务。

新法引起争论王安石罢相

熙宁二年 (1069) 变法遭到了司马光、韩琦等强烈反对。

熙宁四年 (1071) 五月，东明县 (今山东东明) 数百名老百姓到开封府告状，指出地方官在推行免役法过程中无端抬高农民户等，很不合理。但开封府没有受理这一案件。愤怒的群众强行冲入王安石家中，王安石对老百姓说宰相不知道此事，老百姓被迫又到御史台告状，御史台也未受理此案，这些老百姓不得不离开开封府。东明县民上诉事件引起一场对免役法的大论战。

熙宁四年六月，刘挚上书宋神宗，陈述免役法有十大弊端：如出现把下

北宋卧虎瓷器，有家猫之憨态。

等户抬高为上等户，大大加重了下等户的负担；助役法规定用现钱交纳，农民必须卖掉农产品才能交纳现钱，而助役期限急，农产品必须大幅降价，方能出售，损害农民利益等。七月，变法派人物曾布上书辩解，提出了与刘挚截然不同的看法。其后，刘挚、杨绘等人纷纷上书辩论，发生一场关于免役法和东明县民上诉事件的大论战。

熙宁五年 (1072)，同知谏院唐坰屡次上书指责王安石任用非人，变乱祖宗成制，罪该万死；还弹劾王安石任用曾布为心腹，凡附和变法的官僚都可平步青云。唐坰大肆攻击新法，认为保甲法让农民充当士兵，必然招致祸乱，免役法损害贫民下户而帮助富裕上户等。结果被贬为广州军资库。

熙宁七年 (1074) 四月，光州司法参军郑侠上书宋神宗，要求罢黜王安石。端明殿学士、判西京留守司御史台司马光上书，对王安石执政以来的政治、经济等各方面进行了全面的抨击。指责王安石独断专行，排斥、打击异己，而任用一些奸诈小人。司马光还指出当前政策中有六点失误，尤其是青苗、免役二法危害最大，造成老百姓越来越穷。

太皇太后、皇太后及其他官僚也多次对宋神宗诉说新法不便于民，攻击王安石"变乱天下"。起初，宋神宗只是让王安石省去部分新法，作些暂时的妥协。由于皇室及群臣的极力反对，王安石多次上书宋神宗，要求解除宰相职务。后来，宋神宗不得已委派吕惠卿带着皇帝的诏令去见王安石，让他出任太师、太傅一类的闲职，仍然留在京城。但王安石坚决不答应，要求到外地任官，并推荐韩绛为宰相，吕惠卿辅佐韩绛，坚持实施新法。王安石罢相后，出任江宁府 (今江苏南京) 知府。

周敦颐创濂学

1073 年，周敦颐去世。

中国宋代理学的开山鼻祖周敦颐 (1017~1073) 在抨击佛、道，振兴儒学的过程中，创建了自己的理学思想体系"濂学"。

周敦颐，字茂叔，原名敦实，因避宋英宗旧讳，改名敦颐，道州营道 (今湖南道县) 人，历任地县官吏，曾与二程之父程珦过往甚密，广收学徒，得同王安石交流学术心得，晚年蜗居庐山莲花峰，建濂溪书堂讲学，世称濂溪先生。他的学术思想称为"濂学"。其主要著作有《太极图说》和《通书》。《太极图说》主要谈天道，《通书》主要谈人事。

周敦颐认为"太极"是宇宙的本原，人和万物都是由于阴阳二气和水火木金土五行相互作用而构成的。五行统一于阴阳，阴阳统一于太极，太极又叫无极。太极无边无际、不可言说，万物产生后，变化无穷无尽。他强调动中有静、静中有动、动静相互依存转化的辩证关系，正是由于阴阳动静可互相转化，"太极"才具有化生万物的内存能动性。由于阴阳二气的变化糅合，遂产生构成物质世界的基本要素：水、火、木、金、土"五行"。"五行"的流布推动了春夏秋冬四季的运行。而阴阳五行之气的最优秀的材料则铸造了万物中最有灵性的人。然而这一切根源于"一"，即"自无极而太极"的宇宙统一的原始实体，这样为后来程朱理学"天理生气"、"气化流行"而万物生成的理论提供了基础，为理学体系的框架结构提供了雏型设想。

在他的伦理思想中，"诚"是主要范畴。他认为"诚"是由太极派生出的阳气的体现，是至善至美的，因而以"诚"为内容的人类本性也是善的。他宣称"诚"是"五常之本，百行之源"，视封建伦理道德为人性所固有。但他又认为至善至美的人类本性，由于受到外界环境的诱惑和影响，刚柔不能相济，从而产生恶。因此他主张"静"、"无欲"的道德修养论，认为人

宋提刑周敦颐

周敦颐像

通过学习和修养，能够避恶驱邪，恢复本性，使自己的言行不违背封建的仁义礼智，从而建立起君臣、父子、兄弟、夫妇的封建人伦关系。他的存"诚"，"无欲"的人性论和禁欲主义，对程朱理学"存天理，灭人欲"的思想产生了重要影响。

周敦颐吸收佛、道的学说，建造了一个纳自然、社会、人生为统一体系的宇宙生成模式，为进一步融合儒佛道思想开拓了道路，他的哲学思想，包括宇宙论、人性论、道德论等方面，比以前的儒家学说更加精细，更富于理论色彩。他的学说在宋元明清理学中占有举足轻重的地位，因此周敦颐的"濂学"，上承汉唐以来儒佛道学说，下启宋明理学，在中国古代思想史上起着继往开来的关键作用。

宋省并厢兵

厢兵为两宋州兵。宋初诏令选州兵壮勇者送京师充禁兵，其余留本州充厢兵。厢兵不加训练，不参加战斗，惟供劳役。厢兵来自招募，部分来自流放罪犯。

熙宁四年 (1071) 十二月，枢密院上书宋神宗，认为全国厢兵名目繁多，枢密院建将全国不教阅乡军合并为一个名目，其余的厢军名目或省去或废除。宋神宗批准了这一方案。于是下令各路转运司按所辖地区各州的大小为标准，设若干指挥，每指挥不得超过 500 人。河北路厢军名为崇胜、河东路为雄猛、陕西路为保宁、京东路为奉化、京西路为劲武、淮南路为宁淮、两浙路为崇节、江南路为效勇、荆湖路为宣节、福建路为保节、广南路为清化、川峡四路为克宁，总计全军厢兵共 840 指挥，士兵 22.7 万人，但开封府及各个具体负责部门所招募的厢兵不包括在内。

宋改革募役法

熙宁二年 (1069) 宋朝廷开始讨论役法改革。熙宁四年 (1071) 正月在开封府及附近州县试点推行。同年十月，正式颁布了募役法。其主要内容是：当役人户照等第出钱，称"免役钱"。在此之前不负担任何徭役的官户、未成丁户、单丁户、女户、守观户也按户等交纳相当于同等民户所出助役钱的一半，作为官府雇人服役之用，称之为"助役钱"。除此之外，为了防备灾荒之年拖欠役钱，官府征收役钱时多收二分，叫做"免役宽利钱"。免役钱、助役钱、免役宽利钱，随州县大小，户口贫富，均敷至第五等户，坊郭户随各处等第均定；为了使户等按照实际变动情况得到及时的调整，各州县按照坊郭户每隔三年、乡村户每五年在农闲季节检查各户物业多寡，考核贫富情况、升降户等。募役法对平均徭役起到一定的作用。

沈括上三仪等

熙宁五年 (1072)，著名科学家沈括被任命为提举司天监，开始主持司天监工作。为了彻底改革旧历法，沈括将所著《浑仪》、《浮漏》、《景表》三篇科学文献上呈朝廷，并在文献中附有三种仪器的图案。朝廷采纳了他的学说，并令他对浑仪等三种观测天象的仪器进行精心的研究和加以改进，以达到改变历法的目的。至熙宁七年 (1074) 六月，沈括将制成的浑仪、浮漏两种仪器上呈宋神宗，宋神宗下令将他们安置在翰林天文院。其后，沈括被提升为右正言，宋神宗还赏赐他银、绢各五十两、匹。

沈括博学多闻，于天文、地理、典制、律历、音乐、医药等无所不通，著述近四十种。他还善于用人，任提举司天监时，大胆任用淮南人卫朴，并向宋神宗推荐卫朴，说他精通历法，于是宋神宗召卫朴至京城。卫朴上任后，

119

立即上书分析以前实行的《崇天历》和正在实行的《明天历》的弊端，于是宋神宗任命他重新制定历法。卫朴利用自己所学知识制定了新的历法，历时五年。熙宁八年(1075)，沈括将卫朴所制定的《奉元历》上呈宋神宗颁发实行，直到宋哲宗绍圣初年才改用其他历法，废止《奉元历》。

宋实行方田均税法

　　熙宁五年(1072)八月，宋朝廷颁布并实施方田均税法。其内容包括方田和均税两个部分。方田是对田亩的清查丈量，将东西南北千步见方的地段(约四十一顷六十六亩)作为丈量田地的单位，谓之一方，每年九月农闲之后，县令及其他官僚用方为单位清丈土地，并在方田的土地册上注明田地的形状及土地的色质，丈量完毕后，根据土质而定其肥瘠，区分为五等，由此均定税额高低，至第二年三月完成后通告老百姓，并以一季为期，允许当地农民提出对清丈土地和税额的意见。然后由县政令发给各户户帖，作为地符。土地清丈完毕后对田税进行重新摊派。至于丝帛、绸绢之类的征收，只按田亩多少而不按桑柘有无确定。同时，若地归于耕作之家，不必追究冒佃的原因。瘠卤不毛之地可以自由佃种。允许老百姓到山林中樵采，樵采所得不充作家业钱，农民经营山林川泽及陂塘、河堰之类不许收税，而投靠豪强的"诡名挟佃"的子户都必须更正过来。

　　方田均税法仅局限于华北平原、关中盆地等地区，并未推广到全国，后便因丈量技术条件落后而流产。到哲宗初，方田均税法被正式废除。

宋立太学三舍法·改革学制

熙宁四年(1071)十月，太学规模逐渐完备。元丰二年（1079)又经过李复等人的改革，太学三舍法最后完善起来。改革后的太学三舍法规定，除主管学校的官员之外，太学设置十员直讲，每二人主讲一经。教官教学成绩是根据所教授太学生的道德行为、经术学问、升学率等方面加以评定、考核。太学生生员是经过州县考选而进入太学的，入学后，每30人为斋，由学生自由选择一本经书，跟随该直讲学习。太学生分为三等，初学者为外舍生，外舍生一年后可升为内舍生，内舍生再升为上舍生。太学生的食宿全部由官府供给，这就是太学三舍。生员的升等完全由考试成绩决定。外舍生每月考试一

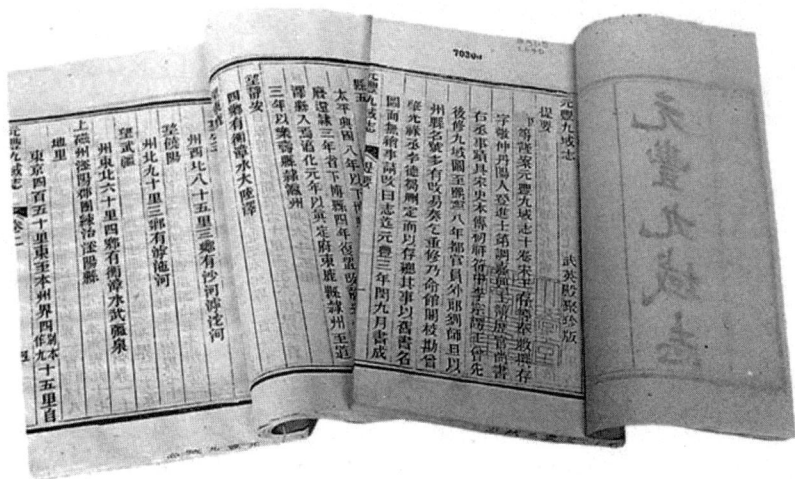

北宋官修地理总志《元丰九域志》。以熙宁、元丰年间的四京二十三路为标准，分路记载府、州、军、监、县的户口、乡镇、山泽、道里等内容。

次，年终进行一次统考，只要成绩合格，平时又不违反校规，经术也符合要求，即可以升为内舍生；内舍生一年之后，如果考试成绩达到"优"或"平"二等，参考平常的道德行为、经术学问，然后升为上舍生，上舍生考试分为上、中、下三等，名列上者可以不参加科举考试而直接任命为官。

广州城墙开始建筑

广州因没有城墙而经常被掠夺，居民不能安居乐业。一些地方官认为广州城外土质里混杂有螺蚌，不能筑城，唯独知广州程师孟(1009~1086，苏州人)认为广州可以筑城。熙宁五年(1072)八月，宋神宗下令转运使向宋道、转运判官卢大年、提点刑狱陈倩、周之纯等人画出广州城墙图上报朝廷，宋神宗批准了这一修筑城墙的方案，并委派左藏库副使张节爱具体负责广州城墙的任务。张节爱上任后，用十个月时间便将广州城修缮一新。程师孟等人也因此而受到宋神宗的通报表彰和赏赐。

宋辽划分边界

熙宁七年(1074)春，辽道宗派遣特使肖禧出使宋朝，呈递了辽朝的国书，以宋朝曾入侵辽朝领土为借口，要求双方重新划定河东(今山西)、河北(今河北)的蔚(今河北蔚县)、应(今山西应县)、朔(今山西朔县)三州的地界。三月，宋朝派遣使者前往辽朝，说明宋朝有诚意解决边界纠纷。辽朝也派肖秦、梁颖到代州(今山西代县)边界与宋朝使者谈判。辽朝使者坚持要以蔚、应、朔三州分水岭为双方边界线，同时派兵入侵代州。十月，双方使者会于大黄平，争论不已。熙宁八年(1075)三月，辽朝使者肖禧再度出使宋朝，要求尽快解决双方地界问题。宋神宗有意让步，解除了强硬派吕大忠的职务，改派韩缜、张诚一前往河东，与辽朝面议边界。曾公亮、文彦博、王安石、韩琦、富弼等元老大臣均反对割让领土。沈括也据理力争，坚持拒绝辽朝以分水岭为界的无理要求。经过前后六次谈判，辽朝政府放弃了黄嵬山，争得了西边的天

长安城图（残片），是元丰三年（1080）刘景阳等对长安城测量后，按二寸折一里的比例绘制刻碑。它是我国现存时代较早而又较精确的一幅城市图，有极高的学术价值。

池（今山西神池县境），宋辽双方蔚、应、朔三州边界完全按照水流南北的分水岭为准，这样，宋朝长城以北的领土全部让给辽朝。

吕惠卿创手实法

熙宁年间，曲阳县（今河北曲阳）县尉吕和卿向司农寺提出建议：让老百姓各自提供自己的产业情况，如果隐瞒不报，可允许他人告奸，这样，无论贫富都不敢隐瞒田产、家业，是编造五等丁产簿的最佳方案。宋神宗下令将吕和卿的建议送往提举编修司农寺条例司讨论。参知政事吕惠卿（吕和卿之兄）认为各地青苗、保甲、农田水等法的执行完全靠五等丁户簿的情况而定，农

宋代河南开封御街店铺门面和招牌

户所出免役钱多寡不一，完全是由五等丁产簿不完善造成的。由此制定了手实法，以编定五等丁产簿，朝廷预先将手实法的格式传达给各地百姓，要求农户按照格式填写自己的产业情况，然后送交县官登记入册，官府按产业多寡将农户划分成五等，从而确定每户应向官府交纳的赋税和钱财，并将应交纳钱财的人户张榜公布两个月。老百姓的田产一律由官府折合成钱，官府事先定出一个适当的田产价格标准，然后按照这一标准折合农户的田产上报官符。熙宁七年(1074)七月，开始推行手实法。次年(1075)十月，吕惠卿罢政后，朝廷下令废除。

宋颁行市易法

熙宁五年(1072)三月，王安石采纳魏继宗的建议，实行市易法，在汴京(今河南开封)设置市易务，宋神宗拨出187万贯钱本钱。朝廷也相应颁布了市易法，其主要内容是：一、市易务设置监官二员和提举官、勾当公事官各一员，个别的监官和勾当公事官由大商人担任，在京市易务还招纳京师行铺和牙人，充当市易务行铺和牙人，监官、勾当公事官在市易务和政府指派的提举官监督下，平价收购一些滞销货物，行铺和牙人具体负责货物的买卖工作。二、担任监官、勾当公事官的大商人可以从官府借贷大量的官钱，但必须以地产作抵押，同时所借贷官钱要支付20%的利息；投充市易务的行人也必须申报自己的产业情况，或借贷他人金银作抵押，五人以上结为一保，一般商贩也可以结保向政府贷款。三、外来商人如果愿意将无法脱手的货物卖给官府，允许他们到市易务投卖，由行人、牙人一道议定价格，根据行人所需货物数量，由市易务交钱收买。

市易法对平抑物价和限制豪商兼并、增加国家财政收入，起到了一定的作用。

宋颁行《三经新义》

熙宁八年 (1075) 六月，宋朝廷颁行《三经新义》，作为学校生员的教科书。

熙宁元年（1068），王安石以翰林学士侍讲《尚书》，第二年参加政事，其子王雱嗣讲。宋神宗曾要求王安石重新训释六艺。熙宁五年，宋神宗又对王安石谈及当时经术人人乖异，督其将所著颁行于天下，重新训释经书，已成为为政者的迫切需要。

熙宁六年，宋廷鉴于"举人对策，多欲朝廷早修经，使义理归一"。于是设局置官，训释《诗》、《书》、《周官》含义，命王安石提举经义局。熙宁八年，《诗义》、《书义》、《周官义》修成进上御览，以副本送国子监镂版颁行。共计《诗义》20 卷、《书义》13 卷、《周官义》22 卷。

《诗义》、《书义》、《周官义》(即《三经义》) 的训释工作，是在几个学者的共同努力下完成。但其训释主要是根据王安石的经说立论的，其中《周官义》是王安石亲自执笔。所以公认《三经新义》是王安石的著作。王安石治经，不拘于章句名物，认为"圣人之术，在于安危治乱"。《三经新义》的训释就是按此原则进行的，其目的在于为变法服务。

王韶破吐蕃

王韶于熙宁初曾上《平戎策》，主张"欲复西夏，当复河湟"。

熙宁五年 (1072)，王韶担任秦凤路安抚使后，派兵进攻武胜关 (今甘肃临洮)，出其不意地偷袭西夏军队，西夏军大败而逃，守武胜关的吐蕃大将瞎药等逃亡，宋军轻而易举地攻占了武胜关。

熙宁六年 (1073) 春，吐蕃岷州 (今甘肃眠县) 大首领瞎吴叱侵入临江、洮山寨 (今甘肃宕昌县境) 等地。瞎吴叱是吐蕃首领木征的弟弟，世世代代居住岷州，虽然广有部落，但毫无节制可言。王韶收复河州 (今甘肃东乡东南) 后，迅速领兵进讨瞎吴叱，瞎吴叱和木令投降了王韶，并献出了岷州城。王韶入城后，瞎吴叱等二人各献大麦一万石、牛五百头、羊二千只犒劳宋军。王韶夺取岷州后，率军继续前进，进攻宕州 (今甘肃宕昌)，迅速攻陷了州城，打通了通往洮山的道路。其后，王韶又分遣军队在绰缪川大败蕃部青龙族，又开通了通向熙州 (今甘肃临洮) 的通道，于是吐蕃叠州 (今甘肃迭部) 守部钦令征、洮州 (今甘肃临潭) 守将斯郭敦都相继投降王韶，并献出了城池。王韶率军征讨五十四天，收复五州之地，深入蕃部腹地，开拓了从临江寨 (今甘肃宕昌) 至安乡城 (今甘肃东乡西北) 的一千余里领土，斩杀蕃部士兵三千余人，俘获牛、马、羊数量不可胜计。王韶也因收复失地有功而被召为枢密副使。

宋设置医学

熙宁九年 (1076) 宋神宗下令提高太医局的地位 (原隶属于太常寺)，专门委任知制诰熊本出任提举太医局，大理寺丞单骧管勾大医局。与此同时，设置医学，生员总额三百人，教师由翰林医官或医学中的高材生充任，分方脉、针、疡三科教授学生，每科设教授一员。《素问》、《难经》、《脉经》为方脉科的主要教材，谓之"大经"，另外还要学习《诸病源候总论》等，称之为"小经"，学习针科、疡科的学生则可以不学《脉经》，另学三部针灸经。医学学生在学习书本知识的同时，还必须轮流为太学、律学、武学学生和各军营将士治疗疾病，作为临床实验的考核。为了检查学生的学习效果，学校统一发给学生一些表格，由患者填写自己疾病症状和治疗效果，用这些材料作为考核的凭据。

127

太醫局諸科程文卷一

墨義第一道

問故治病者必明天道地理

對天不足西北左寒而右涼地不滿東南左熱而右
溫其故何也岐伯曰陰陽之氣高下之理太少之異
也東南方陽也陽者其精降于下故左熱而右溫西
北方陰也陰者其精奉于上故左寒而右涼是以地
有高下氣有溫涼高者氣寒下者氣熱故適寒涼者
脉適溫熱者瘡也下之則脉已汗之則瘡已此腠理
開閉之常太少之異耳帝曰其于壽天何如岐伯曰

太医局诸科呈文,是太医局考试医学生的试题及其标准答案。

河北安国药王庙，始建于东汉，北宋时拓址新建，是中国目前规模最大的纪念历代著名医学的庙宇建筑群。

宋修撰两朝史

熙宁十年 (1077) 五月，宋神宗下诏令编修宋仁宗、英宗两朝正史，委任宰相吴充为监修国史官，负责全面的工作，龙图阁直学士宋敏求为修史官，集贤院学士苏颂为同修史官，集贤殿校理王存，崇正殿说书黄履和材希为两朝正史编修官。元丰元年 (1078) 又命令曾肇参加两朝国史的编修工作。

宋神宗又根据曾巩的建议，下令各地方官尽快访问各朝大臣的后代，必须在限定的时间内将这些人的谈话送往编修国史院，以供编史之用。元丰五年 (1082) 仁宗、英宗两朝正史修撰完成，共计 120 卷。宋神宗非常高兴，对宰相王珪、编修史官蒲宗孟、李清臣、赵彦若、王存、曾肇等人进行了奖励。

129

邵雍创立先天象数学论

1077 年，邵雍去世。

中国北宋哲学家邵雍(1011~1077)第一次把象数学、方法论与理学相融合，创立了别具一格的先天象数学。

邵雍，字尧夫，谥康节，祖籍河北范阳(今河北涿县)，幼年随父迁居共城(今河南辉县)，隐居于苏门山百源之上，潜心学问，共城县令李之才曾授以"物理性命之学"，即《周易》象数之学，邵雍勤奋探索，专心致志地从事学术研究，以先天象数学著称于世，著作有《皇极经世》、《渔樵问对》、《伊川击壤集》等。他以《皇极经世》来构建其象数学体系，以概括自然、社会、人生等宇宙间的一切，并用他的象数理论来探求、推论天地万物的本原和生成演变及人世之治乱。

邵雍把"数"看作是决定事物本质的东西，把象数系统看成是最高法则。他认为宇宙的本原是太极，太极生出天地，天生于动，地生于静，动之始生阳，动之极生阴，阴阳交互作用，形成日月星辰，静之始生刚，静之极生柔，刚柔交互作用形成水火土石。这就是说天地生于动静，天生阴阳，地分刚柔。阴阳刚柔谓之四象。由于日月星辰水火土石八者的错综变化，即产生宇宙万物。太极为道、一、心、神，其实质就是精神本体，因而他的哲学思想属于客观唯心主义思想体系。

邵雍认为天地万物的生成变化是按照"先天象数"的图式展开的。其生成演化过程则为：道生一，一生太极，一生二，二为两仪；二生四，四为四象，四生八，八为八卦……直至无穷。他把先天象数归之于心，"先天象数，心也。"他所说的心即个人的心，也是宇宙的心。万物具有声色气味的特性，人的耳目口鼻具有接受声色气味的功能，人之所以灵于万物，最根本的原因是人能知天地万物之理。邵雍所揭示的宇宙万物的演变过程，是主观臆造的，

邵雍像

他虽也讲事物的演变运动，有辩证合理的因素，但他所说的演变过程，是按一个所谓"加一倍法"的机械公式展开的，因而不可能真正揭示宇宙万物复杂演化的客观过程的规律。

邵雍还应用他的象数理论，拟构了一个人类社会发展的循环模式。他把天地从始至终的过程区分为元、会、运、世，以此为宇宙历史的周期，一元十二会，一会三十运，一运十二世，一世三十年。一元实际就是一年的放大，共十二万九千六百年。邵雍断定，世界的历史以此为周期，由兴盛到衰亡，周而复始，循环不已。天形成于元的子会，地形成于丑会，人产生于寅会。

人类历史第六会巳会，即唐尧之世，达到兴盛的顶峰，从午会开始，便由盛转衰，这就夏、商、周到宋的历史发展时期。到了亥会即第二十会，天地归终，万物灭绝，另一元，即另一周期又将开始。在一个周期内，历史是走下坡路的，由尧到宋，经"皇、帝、王、霸"四个阶段，一代不如一代。可见邵雍是位悲观的历史循环论者，他虽承认天地自然和人类历史都有其发展规律，都经过发生、发展和灭亡的过程，具有一定的科学性，但他在总结这一历史发展规律时，却以先天象数为根据，因而他的历史观具有神秘色彩和宿命论的特点。

邵雍与周敦颐、张载、程颢、程颐并称为"北宋五子"，对北宋理学的形成和初步发展作出了重大贡献。他的象数学虽是主观臆造的，但却反映出当时学术思想界的理学家们的一个积极愿望，希图通过象数理论来探求宇宙万物的背后有无本体的问题，以求回答宇宙万物的生成本原及其关系。

张载建立完整宇宙论

熙宁年间，哲学家张载在关中地区讲学，建立以气为本体的宇宙论，奠定了宋明理学的理论基础。

张载 (1020~1077)，字子厚，祖籍大梁 (今河南开封)，后随父迁到陕西凤翔郿县横渠镇，人称横渠先生，他的学派称为"关学"。张载少年时喜读兵书，也曾出入佛、老之学，后来专奉儒学。他以《易》为宗，以《中庸》为本，以孔孟为法，苦心探究儒家经典，经过多年的思考，形成了他自己的思想体系。张载的思想集中体现在《正蒙》一书中，蒙即蒙昧未明，正即订正，正蒙意即从蒙童起就加以培养。张载著此书的目的是用儒家学说批驳释、道思想，为此他吸收《易》的辩证法思想和中国古代气一元论的哲学观念，创立气一元论的哲学，由此建立了完整的宇宙论。

张载把气作为宇宙的本体，广大无形的虚空 (太虚) 是气散而未聚的原始状态。道只是气化过程中表现出来的一些规律。一切具体事物都是由太虚之气凝聚而成。气聚而成万物，气散而归太虚，气有聚散而无生无，太虚与万物都是气的不同形态。在此基础上，张载提出"太虚即气"的命题，驳斥佛、道两家的虚无主义思想，他还用冰与水的关系比喻太虚与气的关系，以此批驳道家"有生于无"的观点和佛道"一切唯心造"的学说。

即确立了气的本体地位，张载又用"一物两体"的辩证学说阐明宇宙万物的生无变化过程。他认为气本身包含有相互吸引、相互排斥的两个方面，由气构成的具体事物都是阴阳两个对立面的统一体。"一物两体"包含着对立与统一的辩证关系，张载用"一故神"、"两故化"来解释这种关系：在统一体中才有阴阳相感的变化之机，只有阴阳相感才能促使统一体发生变化。张载所述的是一个生生不息、变动不居的宇宙，气是宇宙万物统一的本体。

张载像

由气一元论的宇宙观出发，张载提出了人性论和认识论，并且形成了以宇宙论为基础的道德学说，这些学说构成了一个完整的宇宙论体系。张载从宇宙论出发说明人性，认为人同物样都是气聚而成，气的本来状态构成人的"天地之性"，它纯一至善；同时，人禀受阴阳之气生成，又有驳杂不纯的"气质之性"，构成不善的根源。"天地之性"与"气质之性"并存于人，所以人们应该通过道德培养，保存"天地之性"，克服各种欲望，以改变气质，达到民胞物与的境界。与"天地之性"和"气质之性"相应，张载提出了"德性之知"与"见闻之知"的区别。他认为除了以感官经验为基础的"见闻之知"外，还有一种超过感性认识的更高层次的"德性之知"。德性所知不依赖于感觉经验，它凭借道德修养而能穷神知化，与天为一。可见，他把认识论与道德修养紧密结合，人生的至高境界也要靠道德修养来体证。很明显地与佛、道思想划清了界限。

张载是有宋以来第一个从理论高度全面辟佛、道的儒家学者，他的思想体系是宋明理学发展的雏形，对程朱理学的建立有很大影响。张载所创立的"关学"是理学开创阶段的一个主要学派，曾一度与"新学"、"洛学"鼎足而立。"关学"学者学贵致用，反对空谈，大都有治国于天下的抱负，对南宋的事功学颇有影响。

张载死后，"关学"分化，到南宋时，这一学派已不存在。"关学"学者的著作今存有张载的《正蒙》、《横渠易说》、《经学理窟》等，吕大均的《吕大乡约》、吕大临的《中庸解》、张舜民的《画墁集》以及李复《橘水集》等。

宋煤炭广泛使用

煤炭，宋代称石炭。当时，煤炭已广泛应用于冶炼和人民的日常生活之中，成为矿冶业中一个新的、基础性的种类。

宋代西北、河北、山东(太行山以东)、陕西等地都出产煤炭。宋人朱弁在《曲洧旧闻》中说，煤炭"今西北处处有之"。朱翌《猗觉寮杂记》中讲"本朝河北、山东、陕西"有煤炭出产。在这些地区内，以河东(大体相当于今山西)最为著名。宋仁宗时，官方在河东铸行大铁钱，因本小利大，河东地区几乎家家烧煤炭铸钱，结果造成私铸铁钱泛滥成灾。这件事也说明了河东大量出产煤炭，且已经应用于冶炼。徐州盛产铁，元丰元年(1078)苏轼任知徐州时，当地又发现了煤炭矿，诗人写道："为君铸作百炼刀，要斩长鲸为万段。"(《东坡集·石炭》)。宋代，煤炭开采已经由地面开采发展到掘井开采了，这是根据河南鹤壁市宋代煤矿遗址等处考古发掘及宋代文献记载得出来的结论。

宋代开采和利用煤炭的规模，在当时世界上也是处于领先地位的。

乌台诗案爆发

　　元丰二年（1079）五月，苏轼被任命为湖州（今江苏湖州）知州，按惯例都要写一篇到任谢表给皇帝。一个月后，权监察御史里行何正臣首上书说苏轼表中有"知其愚不适时，难以追陪新进，察其老不生事，或能牧养小民"是愚弄朝廷、妄自尊大之辞。其后御史舒也上书说苏轼的谢表是讥讽时政之作，并指出苏轼在谢表中诽谤宋神宗，从而激怒了宋神宗。紧接着权御史中丞李定上书盖棺定论，攻击苏轼不学无术，浪得虚名，是一个阴险的家伙，并列出应该罢黜苏轼的四条理由。于是宋神宗委派太常博士皇甫遵前往湖州，捉拿苏轼归案。同年七月，苏轼被押到开封。负责审理此案的御史台将审案记录上呈宋神宗批示。宋神宗给苏轼判处了二年徒刑，但因曹太后患病，因而被赦免无罪。由于李定等人的竭力反对，宋神宗重新委派冯宗道往御史台复审此案，经判决，苏轼被贬为黄州（今湖北黄冈）团练副使。当时受"诗案"牵连的有王诜、苏辙、李清臣、张方平、司马光、范镇、陈襄等二十二人。

　　这是宋代一起文字狱案。因御史台别称乌台，故称"乌台诗案"。

宋元丰朝改革官制

　　元丰三年（1080）九月，宋神宗针对宋初以来官制的弊病，专门成立一个改革官制的机构——评定官制所，具体实施改革官制的计划。从元丰三年一直持续到五年（1082）完成这一改革任务。

　　宋初以来，官员除授制度非常复杂，有官、职、差遣之分，官以定品阶俸禄，称为寄禄官，职是指殿阁学士、待制等，加之于文学之士头上，以示尊宠，惟差遣为实职。因此，宋代设官虽然沿袭唐制，而三师、三公不定置，宰相也不专任三省长官。官无定员，三省、六部、二十四司虽然也没有正式的官员，但若没有皇帝的敕令，他们并不主管本部门事务，给事中不封驳，中书舍书不起草诏令。

元丰三年，制定寄禄格，改正官名。以原来的散官开府仪同三司代替原来的中书令、侍中、同平章事，以下依次代换，用以确定官僚俸禄及升降品阶的标准，取代原有的寄禄官，成为新寄禄官阶，原来的寄禄官全部改为政府机构的正官，成为官符真实、主管本部门的职事官；改革铨选制度，规定凡除授职事官，皆按寄禄官品位高低为标准；仿制《唐六典》所载官制，颁布三省、枢密、六曹官僚等制度，按照新制度任命三省长官，事无大小，并由中书取旨，门下审核，尚书执行。宰相改称尚书左右仆射，副相称为尚书左右丞，实施新的官制。

曾巩论宋财政

元丰三年 (1080) 十一月，直龙图阁曾巩 (1019~1083) 上书论国家财政问题。他认为从古到今国家的财政开支是有计划的，都是节省开支，使国家财政收支达到平衡，如果无限制地支出，即使国家财政收入再大，也会出现财政危机。他认为，宋朝建立后，与民休养生息，注意财政收入平衡，因而虽然人口逐年增加，但国家财政一直绰绰有余。如全国财政收入在皇祐、治平年间都超过一亿万元以上，财政开支也在一亿万元以上，收支相当平衡。而皇祐、治平年间全国官员比景德年间增加一倍多，效祀之费也比景德时增长一倍多，说明财政支出过多。因此，曾巩建议宋神宗节省那些不必要的开支，裁省冗官，使之达到景德年间的标准，这样国家财政危机就会得以缓解，更何况宋朝是历代以来财政收入最多的王朝，倘若开源节流，国家一定比前朝更为富庶。因而他建议宋神宗以节省国家财政支出为当务之急，同时他还认为节省开支是理财的最关键的环节。如果这样，国家财政自然会好转的。

正定隆兴寺成为北方巨刹

元丰年间 (1078~1085)，正定隆兴寺扩建完工，成为北方巨刹。

在河北省正定县城内的隆兴寺，原名龙藏寺，创建于隋开皇六年 (586)，著名的隋龙藏寺碑尚存寺内。北宋开宝四年 (971)，宋太祖赵匡胤命建大悲菩萨铜立像和阁，扩建该寺院，到元丰年间 (1078~1085) 完工，改名龙兴寺，成

正定隆兴寺大悲阁

大悲阁的龙石雕。
在有限的空间表现
出龙的盘桓欲飞的
气势。

大悲阁的力士石雕。将力士作为扛负佛像莲台的装饰物，是工匠们的创意。

大悲阁的乐天石雕。象征佛国净土的繁华景象。

为北方巨刹。后经金、元、明、清历代重修。清初又改名隆兴寺，但仍保持北宋时期的总体布局。它是现代宋存寺庙中保存原貌较完整的一座，1961年被国务院定为全国重点文物保护单位。

寺院原分中、东、西三部分，有山门、大觉六师殿、摩尼殿、戒台、大悲阁、慈氏阁、转轮藏殿、御书阁和集庆阁等建筑组成，全寺主要殿阁的屋顶都是布瓦绿琉璃剪边。现仅有山门、摩尼殿、慈氏阁和转轮藏殿4座为宋代建筑，但也经后代做过一定程度的改动。

摩尼殿建于北宋皇祐四年 (1052)，面阔七间，进深6间，长33.32米，宽27.08米，重檐歇山屋顶。特别之处是把外墙砌到副阶檐下，另在副阶四面正中各加一座山面向外的歇山顶抱厦。宋代称"龟头屋"。这样结构屡出现在宋画中，实物仅此孤例。殿内供奉释迦牟尼、文殊、普贤等神像。

大悲阁是全寺的主体建设，宋开宝四年 (971) 建。原为七间三层五重檐的建筑，内供赵匡胤命铸的四十二臂大悲菩萨立像，高22米，是现存最高的古代立像。阁两侧东西并列有御书阁、集庆阁，原与大悲阁以飞桥相联，整体造型宏伟壮丽。

大悲阁前方东西相对有慈氏阁和转轮藏殿。都是面阔进深各3间前加副阶的二层楼，采用宋式厅堂型构架。转轮殿下层装直径7米的六角形转轮藏，即放置佛经的旋转书架，是宋代小木作的稀有遗存物。慈氏阁内供慈氏菩萨，高两层，因而阁整体构架中心为一空井。其构架采用古代阁的做法，下层后檐柱直抵楼板下，不用平坐柱，另在这些柱外侧再加一柱承下层腰檐，即是《营造法式》中所载的缠腰做法。这些都是反映宋以前做法的稀有例证。

隆兴寺佛像群制作技术先进。寺内大悲阁千手千眼观世音菩萨铜像铸造于971年前，大悲阁的东、西、北三壁有观音、文殊、普贤三大塑壁，于端拱二年 (989) 大悲阁竣工后造作，场面宏大，构图严谨，图景亦复杂，形成了以观音为主尊，文殊、普贤为辅的组合形式。此外，千手观音像下宽广的须弥座，亦是北宋营造时的原作；座侧各处满施雕饰，其中如檀柱的力士、蟠龙，形象无一类同，表现得颇有力量；壶门内的伎乐人，姿态变化多样，异常生动。这些辅助雕饰和大悲阁以"千手观音"铜像为主体的佛像群构成一个整体，庄严壮观。

大悲阁"千手观音"高达22.5米，是中国佛教史上金铜巨像的罕见之作，是国内现存最大的金铜造像，大悲阁内其他佛像造型也很宏阔。如观音菩萨半跏坐于岩山之上，神情安祥，作说法度化相。普贤菩萨骑于白象之上，前后左右随从无数，眷属作乘云来迎状。上有飞天，下为大海，远山突兀，寺塔高耸，形成一大壮观。

隆兴寺佛像群的建成，特别是千手观音铜像的铸造，说明北宋佛像造作技术的先进，远非先代所能相匹。

秦观著《蚕学》

《蚕书》是宋代养蚕制丝技术专著。它主要总结宋代以前兖州地区的养蚕和缫丝的经验，尤其是缫丝工艺技术和缫车的结构型制。

全书分为种变、时食、制居、化治、钱眼、锁星、添梯、缫车、祈神和戒治等10个部分。《蚕书》全文共802字，是中国古代很有价值的养蚕制丝专著之一。遗憾的是，这部书是以农家的方言为主，晦涩难懂，又没有插图可供参考。

《蚕书》的作者秦观，字少游，江苏高邮人，他还是宋代著名的词人。

宋人蚕织图（部分），描绘了采桑、养蚕、缫丝、织绵的整个过程。

宋设立熟药所

北宋末年，为了增加财政收入，打击投机商人，政府在京城及全国较大城市设市易务，由政府拨款作本，统购统销，平衡物价，加强市场管理。医药是一项与民众戚戚相关的大行业，因此，它和盐、铁、茶、酒等商品一样被列入国家重点专卖商品。

熙宁九年（1076），宋神宗下令将市易务的卖药所与原有的熟药库、合药所合并，在太医局成立"熟药所"，用以制造并出售成药，这是中国乃至世界上最早出现的国家医药管理局。

熟药所成立后，在内部制定了一系列规章制度，药物的制造和出售，有专人监督。北宋政府在太府寺设一官员，专门监察熟药所的工作。

宋代药用工具陶碾槽

宋内府储存药物的药罐

生药的购买由户部负责，以确保收购生药的质量。由于熟药所制造成药的配方都是经太医局试用有效的方剂，再加上官方垄断，因此熟药所的经济效益日益提高，其规模也日益扩大。当时，熟药所每年可得利润40万缗，成为国家财政收入的一项重要来源。宋徽宗崇宁二年（1103），卖药和制药分离，卖药机构称为"卖药所"，制药机构称"修合药所"，当时京城已有卖药所5处，修合药所2处。同时，北宋政府还采纳吏部尚书何执中的意见，在全国各地都建立熟药所，作为中央与地方医药中转机构。熟药所除日常卖药、向地方批发和交换药品外，在疾病流行时，还向民间免费提供药品。北宋政府每年冬夏都以皇帝名义给大臣和边关守将颁预防疾病的腊药和暑药，这些药品都由熟药所提供。绍兴六年(1136)，在太医局设东、南、西、北四熟药所，保证昼夜轮流值班售药，如遇夜间有急症患者购药不得或不当，值班者当"从杖一百科罪"。

加强医药管理，增加政府财税收入，是宋政府设立熟药所，专利出售丸散膏丹成药的主要目的，而客观上对统一成药规格、防止出售伪劣药品也发挥了重要作用，出售的许多成药确有较好的疗效，这对提高普通民众的疾病防治水平具有重要意义。

《养老奉亲书》注重老年医学

曾于北宋元丰年间(1018~1085)，任泰川通化（今属江苏）县令的陈直，曾广泛搜集老人"食治之方，医药之法，摄养之道"，编成老年养生学专著《养老奉亲书》（又称《奉亲养老书》、《寿亲养老书》）。

书1卷，分15篇，专门论述老人养生及防病治病的理论和方法，并描述了老年人的生理、心理和病理特点。陈直对食疗法很重视，认为老人"以食治疾胜于用药"，故广泛收集食治方，治疗老人常见的眼目耳病，五劳七伤，虚损羸瘦等多种病症，因此在所收四季通用和应时药方、食疗方、备急方231首中，食疗方就占182首。他还主张老人用药，只可用顺气、进食、补虚、中和或偏温平之药医治，取其"扶持"作用，而不宜用汗、吐、下之剂。他

宋刻丝群仙拱寿图，表达祝愿长寿的心意。

强调老人精神调摄和心情舒畅在保健方面的重要性，提醒老人在行住坐卧、宴处起居等方面谨慎小心。

《养老奉亲书》所述的各种老年养生方法、大多简便易行，切合实用，为老年养生、防病、治病提供了便利，至今仍有影响，但其中也掺杂有一些封建礼教的内容，须认真剔除。

宋辽金夏

1081A.D. 宋元丰四年　辽大康七年　夏大安七年

宋以夏集兵于边，命将备之。七月，遂大举攻夏。

九月，宋复兰州古城，蕃部皆降，且助攻夏。

1082A.D. 宋元丰五年　辽大康八年　夏大安八年

四月，宋大改官制。

紫阳真人张伯瑞死。

1084A.D. 宋元丰七年　辽大康十年　夏大安十年

十二月，宋司马光修《资治通鉴》成。

1085A.D. 宋元丰八年　辽大安元年　夏大安十一年

三月，宋神宗死，子煦嗣，是为哲宗，太皇太后高氏权同听政，不久逐渐改熙宁新法。

四月，宋诏宽保甲、养马。

十一月，辽修太祖以下七朝实录成。

苏颂《新仪象法要》收 1464 颗星。

印度犹太人移居东京（开封）。

画家郭熙去世。

1086A.D. 宋哲赵煦元祐元年　辽大安二年　夏天安礼定元年

闰二月，宋以司马光为相。

夏国主李秉常死，子乾顺嗣。宋复常平旧法，罢青苗钱。

1088A.D. 宋元祐三年　辽大安四年　夏天仪治平二年

水运仪象台成。

1081A.D. 将领阿雷克修·科姆尼拉斯，举兵反，占领君士坦丁堡，即位为皇帝，称阿雷克修一世，科姆宁王朝（至 1185 年）自此始。

1083A.D.

亨利四世陷罗马，格累戈里退守圣安极乐堡，飞檄召其诺曼同盟罗伯特·吉斯卡尔来援，"对立教皇"克雷门特为亨利四世加冕为神圣罗马皇帝。

1087A.D.

日本白河上皇复与大政，是为院政之始。后八年上皇祐发为法皇，仍理国政。

英格兰威廉一世（征服者）卒，次子嗣位，称威廉二世（外号鲁弗斯，意为红人）。

1090A.D.

约在此时之前不久，玻璃制造术由东方传至威尼斯。中世纪经院哲学大师罗塞来那斯（十一世纪中叶至 1121 年卒）约在此时创立其"唯名论"之哲学派别。

宋神宗去世·变法失败

元祐元年（1086）闰二月，宋廷以司马光为尚书左仆射兼门下侍郎，进行废除新法的工作。

去年（1085）三月，神宗逝世，遵照遗制，10岁的幼子赵煦（哲宗）继位，英宗的皇后高氏以太皇太后身分处理军国大事。因为新法触犯了皇亲国戚，高太后早就坚决反对变法。

司马光入朝前，已经上章请求急速罢去保甲、免役、将兵等法。入朝当政后，又上章攻击王安石"不达政体，专用私见，变乱旧章"，主张全部废除新法。有人以为按照古训，"三年无改于父之道"，不宜骤改，司马光却认为"太皇太后以母改子，非子改父"，为推翻新法提供了理论依据。高太后、司马光等首先废罢保甲军训

宋神宗赵顼像

和保马法。去年八月，罢府界新置牧马监及提举经度制置牧马司；十月，罢义仓及方田均税法。本月，司马光奏复行差役法，限期在5日内施行。三月，罢熙河、兰会路径制财用司。八月，复常平旧法，罢青苗钱，新法被废罢殆尽。变法派被列为王安石等人的亲党，木旁之朝堂，其主要成员蔡确、章惇、吕惠卿、曾布等行后被贬官。对（西）夏则采取妥协政策，答应归还安疆、

米指等 4 寨。在司马光废罢新法的过程中，守旧派中刘挚、王岩叟、刘安世等人完全赞成，也有另外一些人认为新法不可一概否定。如范纯仁即不同意废除青苗法，苏轼、苏辙、范纯仁等人不主张废除免役法。至本年九月，司马光去世时，新法已大都废罢，变法派也相继被排挤出朝，新法的废存已经不容再有争论。

宣仁太后垂帘听政后，立即起用王安石变法的反对者，任用司马光为宰相，文彦博、吕公著等人也相继上台，掌握了朝政，司马光等人任用刘挚、王岩叟等人为谏官，竭办诋毁攻击变法派。当时宋哲宗年龄尚幼，根本不理朝政，因而司马光等在宣仁太后的大力支持下，全部废除了王安石的新法，同时坚决打击变法派人物和奉行新法的各级官僚，如吕惠卿、章惇、蔡确、吕嘉问等人，这些变法派人物有的被贬，有的被判刑，有的被逐出政府机关，不一而足。吕大防、梁涛、刘安世等人还把支持变法的八九十名官僚划入王安石、吕惠卿、蔡确等人名下，认为他们结成死党。这就是历史上所谓的"元祐更化"。

宋讨西夏

元丰四年（1081）、夏大安七年六月，宋神宗下令保安军（今陕西志丹）等地方行政长官密切注意西夏内部情况。保安军借口岁赐绢茶等问题向西夏写了一封信，但没有得到任何答复，这才确定西夏内部发生变故。当时，宋朝的间谍传回来的消息说秉常已被杀，于是宋神宗决定大举进攻西夏，命令李宪从熙河路出击，种谔从鄜延路进发，高遵裕领兵从环庆路出发，刘昌祚从泾原路出发，王中正从河东路向西夏进攻，五路同时推进，在兴（今宁夏银川）、灵（今宁夏青铜峡东）会合，李宪负责调度五路军马。李宪所率领的熙河路军队在西市新城（今甘肃榆中东北）大败西夏军队，因而迅速向兰州（今甘肃兰州）推进。与西夏数万军队在女遮谷（今甘肃兰州东）相遇，双方展开了一场血战，后克兰州。

元丰四年（1081）、夏大安七年十月，宋攻克了银州（今陕西横山东）。

元丰四年（1081）、夏大安七年十月，高遵裕率领宋军近九万人从庆州（今甘肃庆阳）出击，进兵清远军（今甘肃环县东北）。其后高遵裕率领宋军直抵韦州（宁夏同心县东北），西夏军队早已逃之夭夭，韦州城已变成一座空城，因而高遵裕顺利地攻占了韦州。

宋夏永乐城大战

元丰五年(1082)九月，宋夏爆发永乐城之战，宋军大败。

去年(1081)宋将种谔攻取西夏银（今陕西米脂西北）、夏（今内蒙古乌审旗南白城子）、宥（今陕西靖边西北的内蒙古境）3州，欲进而夺取整个横山地区，进逼西夏都城兴庆府（今宁夏银川），但所取之地未留兵防守。今年赵顼（神宗）纳徐禧建议，在银州东南25里险要之地构筑永乐城（今陕西米脂西）。宋神宗立即表示同意。经过一个月的准备工作，徐禧、李舜举、沈括等征发延州蕃、汉十余军，共计八万余人，分成三队，浩浩荡荡向永乐城进发。徐禧等人到达永乐城后，迅速修筑城池，西夏军队屡次前来阻扰宋军的筑城工作，均被击退。永乐城修筑完毕后，徐禧、沈括带领八千宋军返回了延州米脂城。筑城成功的消息传入京城，宋神宗十分高兴，赐永乐城名为银川寨。本月，城成。因为永乐城处于十分重要的战略位置上，因而西夏无论如何也要夺回永乐城。西夏集中三十万军队围攻永乐城，由大将叶悖麻负责指挥。等到西夏军队布阵以后，徐禧才发动攻击。永乐城中缺水断粮，兵无斗志，西夏将士全力攻城，城终被攻破。徐禧、李舜举、李稷、高永能等战死，曲珍、李浦、吕整等将领突围逃跑。